Parliamo italiano!

Parliamo italiano!
THIRD EDITION

Student Activities Manual

Workbook
Lab Manual
Video Manual

Workbook
Brian Rea O'Connor
Boston College

Lab Manual/Video Manual
Suzanne Branciforte
Università degli Studi, Genoa

HOUGHTON MIFFLIN COMPANY   BOSTON   NEW YORK

Publisher: Rolando Hernández
Sponsoring Editor: Van Strength
Project Editor: Harriet C. Dishman
Manufacturing Manager: Karen Banks
Executive Marketing Director: Eileen Bernadette Moran
Associate Marketing Manager: Claudia Martínez

ILLUSTRATIONS

Anna Veltfort: pages 7, 11, 12, 23, 36, 46, 48, 55, 69, 73, 75, 76, 81, 96, 108, 116, 117, 158, 178

Maryam Fakouri: pages 78, 79, 115, 138, 184

CREDITS

p. 77, "Domina e spreca tanto il Vicenza e al Parma basta un tiro per vincere" from *Il Giornale,* Sunday, 29 April 2001, p. 27.

p. 102, "L'esperto risponde": Reprinted from "In Mezzo ai Bambini" & "Un Futuro in Passerella," *Anna,* April 2001, p. 142.

pp. 43 and 113, photos courtesy of Anastasia K. Schulze.

Printed in the U.S.A.

ISBN: 0-618-53307-9

456789-EB-10 09 08 07

Contents

To the Student

This combined *Workbook/Lab Manual/Video Manual* is an integral part of the ***Parliamo italiano!*** program. It is designed to reinforce the new material in each textbook unit and to provide practice in the skills you will need to communicate effectively in Italian. This component is divided into three parts, the workbook, the lab manual, and the video manual; each part is coordinated unit by unit with your textbook.

The Workbook

The workbook activities will help to develop your reading and writing skills by providing practice in using key grammar structures and vocabulary from the textbook. The activities range from structured to open-ended exercises and from simple to complex tasks—for example, multiple-choice, fill-in-the-blank, sentence-completion, illustration- and realia-based activities, and word puzzles. Each unit of the workbook consists of the following sections:

- *Vocabolario e grammatica:* This section contains exercises on individual vocabulary and grammar topics. Since the exercises are keyed to specific points, they can be completed after studying the corresponding textbook section.

- *Pratica comunicativa:* This section integrates the vocabulary and grammar presented in the unit in creative contexts. Many of the activities allow you to express yourself in meaningful or more open-ended situations. You should complete this section when you reach the end of a unit in your textbook.

Here are some tips to follow when using the workbook:

- Before doing the exercises in the *Vocabolario e grammatica* sections, study the corresponding sections in the textbook.

- Do the activities with your textbook closed. Then refer to the appropriate section of the text to check your work.

- Use what you have learned. Be creative, but try not to overstep your linguistic limits and try to use a dictionary sparingly.

The Lab Manual and Audio Program

The activities in the lab manual are coordinated with the *Audio Program* for ***Parliamo italiano!,*** which provides approximately 30–40 minutes of exercises recorded by native speakers for each unit. These components focus on improving your pronunciation and building your listening-comprehension skills. They consist of the following sections:

- *Per la pronuncia:* This section contains explanations of the sounds and intonation of Italian, followed by practice exercises so that you can improve your pronunciation.

- *Attività per la comprensione:* This section features a wide variety of situations and activities to develop your listening skills. As you listen to the recordings, you will be given a task to perform (for example, taking notes on a weather forecast or recording information about an apartment for rent).

Here are a few tips to follow when using the lab manual and audio program:

- When asked to repeat words or sentences, try to imitate as closely as you can the speaker's pronunciation, intonation, and inflection. Then play it again and talk simultaneously with the speaker, trying to match the speaker's speech patterns.

- Read the directions for each activity before listening to it. You'll be better prepared to complete the activity successfully!

- When completing the *Attività per la comprensione,* it is important to listen for specific information and a general sense of what is being said, but it is not necessary to understand every single word. Your goal is to complete the task required by the activity.

- Replay as many times as you need to in order to complete an activity.

The Video Manual

The video manual activities will help you work with the video segments. You may do these activities in class, or your instructor may assign them as homework. Some are intended as preparation for viewing, some to assist you during your viewing of the video segment, and others to help you expand on the content of the segment after viewing it.

Here are a few tips for using the video manual:

- Before watching each segment of the video, read the instructions for the video activities. The pre-viewing activities will focus your attention on the content of the segment.

- It is best not to view the entire segment at once. Instead, stop the video after the first dialogue sequence; then rewind and review what you saw and heard before watching the rest of the segment.

- Try to complete the during-viewing activities while you watch the corresponding portion of the segment.

- The post-viewing activities often ask you to work in pairs and/or to expand on material presented in the video. Use expressions, vocabulary, grammar, and cultural material presented in the unit as often as you can.

- You can use the **Parliamo italiano!** Student CD-ROM to work further on the video material and to do additional activities.

Through conscientious use of the *Workbook/Lab Manual/Video Manual* and *Audio Program* and *Video,* you should make progress in your study of the Italian language. For additional practice, consult the **Parliamo italiano!** Student CD-ROM and the **Parliamo italiano!** website (http://college.hmco.com). These tools provide an excellent review for quizzes and exams.

Workbook

UNITÀ P Per cominciare

Unità preliminare

A. Circle the letter of the most logical response. (**Le presentazioni**)

1. Buongiorno, signora Danesi!
   a. Buonanotte, Giovanni!
   b. Buonasera, Raffaela!
   c. Buongiorno, signor Carta!

2. Salve, Enzo!
   a. Ciao, Gabriella!
   b. Buonanotte, signorina!
   c. Piacere!

3. Ciao! Come ti chiami?
   a. Molto lieto.
   b. Mi chiamo Gianni, e tu?
   c. Come si chiama Lei?

4. Mi chiamo Donatella Catalano, e Lei?
   a. Piacere, mi chiamo Salvatore Renzi.
   b. Molto lieto. Come ti chiami?
   c. Scusi, professore.

5. Di dove sei?
   a. Buonasera!
   b. Molto piacere!
   c. Sono di Bari, e tu?

B. It's your first day at a new job. Two people introduce themselves to you, first a coworker about your age and then your boss. Write your responses in the blanks. (**Le presentazioni**)

1. —Ciao!

   —_____

   —Mi chiamo Marco, e tu?

   —_____

   —Piacere!

   —_____

   —Di dove sei?

   —_____

   —Io sono di Roma.

2. —Buongiorno.

   —_____

   —Mi chiamo Adele Perillo, e Lei?

   —_____

   —Molto lieta.

   —_____

   —Di dov'è Lei?

   —_____

   —Sono di Venezia.

C. Write the phrase you would use in the following situations. (**I saluti**)

1. You ask your teacher how he/she is feeling.

   _____

2. You ask a friend how he/she is feeling.

   _____

3. Someone has asked you how you are, and you reply that you are very well.

   _____

4. You're not feeling too well.

   _____

5. You say good-bye to a close friend.

   _____

6. You say good-bye to your friend's grandfather.

   _____

7. You tell two friends that you will see them soon.

   _____

D. Write a short dialogue for each situation. (**I saluti**)

1. Anna and Stefano are two friends who run into each other at the university bookstore. They greet each other, ask about each other's health, and say good-bye.

   _____

   _____

   _____

   _____

   _____

2. Filomena Manin and Giorgio Arbore are neighbors who do not know each other well. They meet at the local market, greet each other, ask about each other's health, and say good-bye.

   _____

   _____

   _____

   _____

   _____

E. Write down an Italian word you know that begins with each of the following letters. If you can't think of a word, use the glossary of your textbook. (**L'alfabeto**)

1. a _____	8. acca _____	15. cu _____
2. bi _____	9. i _____	16. erre _____
3. ci _____	10. elle _____	17. esse _____
4. di _____	11. emme _____	18. ti _____
5. e _____	12. enne _____	19. u _____
6. effe _____	13. o _____	20. vu _____
7. gi _____	14. pi _____	21. zeta _____

F. Write out the following numbers in Italian. (**I numeri da 0 a 100**)

Esempio *the number of days in a week:* Ci sono **sette** giorni.

1. *the number of students in your class:*

   Ci sono _____ studenti nella classe.

2. *the number of units in this book:*

   Ci sono _____ unità nel libro.

3. *the number of times per week your Italian class meets:*

   La classe s'incontra _____ volte la settimana.

4. *the number of courses you are currently taking:*

   Seguo _____ corsi.

5. *the number of hours per week you study:*

   Studio _____ ore la settimana.

6. *your age:*

   Ho _____ anni.

7. *your mother's or father's age:*

   Mia madre/Mio padre ha _____ anni.

8. *your telephone number:*

   Il mio numero di telefono è _____

   _____ .

G. Complete the math problems, and write out the answers in the spaces provided.
If the answers are correct, the letters in the box will spell the name of a volcano in Italy.
(**I numeri da 0 a 100**)

cinquanta – ventotto =   ⎡__ __ __ __ __ __

undici + ventidue =   __ __ ⎢__ __ __ __ __

sette + cinquantanove =   __ __ __ __ __ __ __ __ ⎢__ __

settanta – venti =   __ __ __ __ __ ⎢__ __ __

cento – sessantuno =   __ __ __ __ __ __ ⎢__ __

trentacinque + cinquanta =   __ __ __ __ __ __ __ __ ⎢__ __ __

sette + undici =   __ __ __ __ ⎢__ __ __

H. Formale o informale? Circle **formale** or **informale** to indicate whether the following expressions are formal or informal. Then underline the words or expressions that indicate formality or informality.

1. formale / informale   Non c'è male, e tu?

2. formale / informale   Ciao, Lorenzo! Come va?

3. formale / informale   Di dov'è Lei?

4. formale / informale   Ciao, Alessandra! A presto!

5. formale / informale   Come si chiama Lei, signora?

6. formale / informale   Di dove sei?

7. formale / informale   ArrivederLa, ingegnere.

8. formale / informale   Buongiorno. Come sta?

I. Due conversazioni. The following sentences are from two different conversations, one formal and one informal. Re-create the conversations in the blanks below.

Molto lieta. Di dov'è Lei?

Ciao, Paolo! Come stai?

Così, così. A presto, Paolo.

Io sono Augusto Forino. Piacere, signora.

Sono di Torino.

Non c'è male, e tu?

Ciao! Ci vediamo.

Mi chiamo Antonella Visoni. E Lei?

1. _____

    _____

    _____

    _____

2. _____

    _____

    _____

    _____

J. **In classe.** Write in the dialogue balloons what you think the people in the drawing might be saying to each other.

K. Cercare la parola. First write the Italian equivalent of the English words listed. Then look for those words in the puzzle and circle them. The words may be positioned horizontally, vertically, or diagonally, and either backward or forward. The remaining uncircled letters will spell a word you know.

seventy _____

thank you _____

terrific _____

H _____

X _____

nine _____

you (informal) _____

It's a pleasure! _piacere_____

you (formal) _____

3 _____

hello _____

zero _____

Hi! / Bye! _____

doctor _____

S	E	T	T	A	N	T	A
A	A	R	S	O	A	I	C
B	R	L	V	C	R	I	C
E	V	E	V	E	I	E	A
N	D	I	E	E	U	R	Z
O	E	R	O	T	T	O	D
N	C	G	R	A	Z	I	E
E	R	E	C	A	I	P	I

_ _ _ _ _ _ _ _ _ _ _ _!

UNITÀ 1 Visitare: SIAMO A ROMA!

Vocabolario e grammatica

A. Match the questions on the left with the answers on the right. (**Si dice così A**)

1. _____ Che cosa sono gli Appennini?
2. _____ Che cos'è la Calabria?
3. _____ Che cos'è l'Etna?
4. _____ Che cos'è Venezia?
5. _____ Che cos'è il Tevere?
6. _____ Che cos'è la Sicilia?
7. _____ Che cos'è l'Adriatico?
8. _____ Che cos'è il Piemonte?
9. _____ Che forma ha l'Italia?

a. È un mare.
b. È una penisola.
c. È una regione al nord dell'Italia.
d. È un vulcano.
e. È una regione nel sud dell'Italia.
f. È un fiume.
g. È una regione ed è anche un'isola.
h. Sono delle montagne.
i. È una città.

B. Indicate the gender of each noun by underlining **femminile** or **maschile.** Then rewrite the noun with its indefinite article. (**Il sostantivo singolare**)

Esempio montagna   <u>femminile</u> / maschile   **una montagna**

1. signora   femminile / maschile   _____
2. professore   femminile / maschile   _____
3. paese   femminile / maschile   _____
4. collina   femminile / maschile   _____
5. stivale   femminile / maschile   _____
6. spiaggia   femminile / maschile   _____
7. lago   femminile / maschile   _____
8. lezione   femminile / maschile   _____
9. amico   femminile / maschile   _____
10. zoo   femminile / maschile   _____
11. problema   femminile / maschile   _____
12. isola   femminile / maschile   _____

C. Complete the following paragraph with the appropriate indefinite articles. (**L'articolo indeterminativo**)

Roma è _____ città fantastica! Nel centro della città c'è _____ collina che si chiama il

Campidoglio, dove c'è _____ museo molto importante. C'è _____ fiume che passa per Roma:

il Tevere. E in mezzo al Tevere c'è _____ isola: l'isola Tiberina. C'è anche _____ stadio antico

che si chiama il Colosseo. Andiamo al Pincio dove c'è _____ bel panorama di Roma. Vicino

al Pincio c'è _____ bar dove mangiamo _____ pizza!

D. Write where you might do the following activities. (**Si dice così B**)

Esempio *go swimming and sunbathe:* **su una spiaggia**

1. *see a collection of antique art:* in _____

2. *drive your car:* in _____

3. *climb up to get a bird's-eye view of the city:* su _____

4. *find information about a tourist site:* in _____

5. *attend a religious function:* in _____

6. *cool your feet on a hot day:* in _____

E. Rewrite each sentence with the correct form of the verb **essere.** (**Il verbo *essere***)

1. Cristi (essere) una studentessa americana. _____

2. Cristi e Lorenzo (essere) in giro per la città. _____

3. Di dove (essere) tu? _____

4. Io (essere) di Pisa. _____

5. Voi (essere) amici di Antonella? _____

6. No, noi (essere) amici di Lorenzo. _____

7. A Roma ci (essere) molti monumenti. _____

8. E a Roma c'(essere) una fontana molto famosa. _____

F. Write the appropriate form of the definite article for each noun. (**L'articolo determinativo**)

1. *il* mare, _____ lago, _____ fiume e _____ oceano

2. _____ professoressa, _____ dottore, _____ avvocato e _____ studente

3. _____ monumento, _____ piazza, _____ statua e _____ ponte

4. _____ paese, _____ città, _____ regione e _____ stato

5. _____ università, _____ centro sportivo, _____ pizzeria e _____ bar

G. List at least six things you see in the drawing. Remember to use the appropriate form of the definite article. (**L'articolo determinativo**)

Vedo (*I see*) la _____

_____

_____

_____

_____

H. Write the month or season you associate with each of the following lists. (**Si dice così C**)

1. ventotto giorni, San Valentino: _____

2. la spiaggia, le vacanze, —Ho caldo!: _____

3. inizia la scuola, trenta giorni, dopo agosto: _____

4. marzo, aprile, maggio, Botticelli: _____

5. —Ho freddo!, sciare: _____

6. Natale (*Christmas*), la fine dell'anno: _____

7. precede agosto, trentun giorni, l'indipendenza americana: _____

8. settembre, ottobre, novembre: _____

I. Write questions and answers using **avere** and the following cues. (**Il verbo** *avere*)

Esempio   voi / un'automobile
   —**Voi avete un'automobile?**
   —**Sì, abbiamo un'automobile. / No, non abbiamo un'automobile.**

1. Giulio e Diego / un computer

   — _____

   — _____

2. noi / una lezione oggi

   — _____

   — _____

3. il professore / un appartamento in centro

— _____

— _____

4. Lei / un momento

— _____

— _____

5. voi / una motocicletta

— _____

— _____

J. Describe how the people in the drawings are feeling. Invent a name for each person.
(**Il verbo** *avere*)

1.

3.

2.

4.

1. Massimo ha *fame* _____ ma Giulia *ha sete* _____.
2. *Lei ha freddo* _____ ma *lui ha caldo* _____.
3. *Lei ha sonno* _____ ma *lui ha paura* _____.
4. *Lui ha ragione* _____ ma *lui ha torto* _____

K. Complete the following paragraph with simple prepositions. (**Le preposizioni semplici**)

Salve! Mi chiamo Giorgio e sono uno studente italiano. Abito _____ la mia

famiglia _____ San Gimignano, una piccola città _____ Toscana.

Un giorno vorrei (*I would like*) abitare _____ Roma. La mia mamma è romana:

è _____ Tivoli, un piccolo paese non molto lontano _____ Roma:

a solo venti chilometri. _____ inverno e _____ primavera

studio _____ Firenze, ma durante l'estate lavoro _____ mio padre,

che ha un ristorante.

L. Choose six days from the calendar and write out the dates and the saints for those days.
(**Si dice così D**)

Esempio   **Lunedì il due maggio è s. Atanasio.**

Maggio			**Giugno**		
1	D	s. Susanna	1	M	s. Giustino
2	L	s. Atanasio	2	G	s. Erasmo
3	M	s. Fabio	3	V	s. Clotilde
4	M	s. Gottardo	4	S	s. Quirino
5	G	s. Pellegrino	5	D	s. Vito
6	V	s. Giuditta	6	L	s. Norberto
7	S	s. Stanislao	7	M	s. Roberto

1. _____

2. _____

3. _____

4. _____

5. _____

6. _____

M. Write logical sentences using elements from each column. Be sure to use the correct form of
the verb. (**I verbi della prima coniugazione**)

Esempio   **Gli studenti abitano in un appartamento.**

Noi	visitare	in un appartamento
La signorina Mela	studiare	sulle Alpi d'inverno
Tu e Alfredo	cercare	il francese e l'italiano
Lorenzo	abitare	la biologia
Io	lavorare	il museo Vaticano
Antonella e Cristi	incontrare	una guida turistica di Roma
Tu	parlare	l'amico al bar
Gli studenti	sciare	in biblioteca
		il lunedì e il giovedì

1. _____

2. _____

3. _____

4. _____

5. _____

6. _____

7. _____

8. _____

N. Write sentences specifying which day you do each of the following activities.
(**I verbi della prima coniugazione**)

    Esempio   giocare a tennis
                 Gioco a tennis il martedì e il sabato. / Non gioco a tennis.

1. avere la lezione d'italiano

    _____

2. studiare in biblioteca

    _____

3. lavorare

    _____

4. mangiare alla mensa (*cafeteria*) dell'università

    _____

5. parlare con la mamma

    _____

6. mangiare una pizza

    _____

7. guardare il programma televisivo preferito (*favorite TV show*)

    _____

O. Write the time of day using the cues given in parentheses. (**L'ora**)

    Esempio   Che ore sono?   (5,45)
                 Sono le sei meno un quarto / le sei meno quindici / le cinque e quarantacinque.

1. Che ore sono?   (8,15) _____

2. Che ore sono?   (1,30) _____

3. Che ore sono?   (20,38) _____

4. Che ora è?   (12,00) _____

5. Che ora è?   (6,55) _____

6. Che ore sono?   (3,49) _____

Pratica comunicativa

A. **Come rispondere?**   Circle the letter of the appropriate response.

1. Hai fretta?

    a. Sì, sono in ritardo per la lezione.

    b. Sì, ho torto.

    c. Sì, sono di Civitavecchia.

2. Tina, ti presento Paolo, un mio amico.

    a. Piacere!

    b. Scusi!

    c. Arrivederci!

3. Hai voglia di mangiare qualcosa?

   a. No, grazie. Non ho problemi.

   b. No, grazie, non ho fame.

   c. No, grazie. Federico non c'è.

4. Quando è il compleanno di Lorenzo?

   a. Il primo maggio.

   b. Per la prima volta.

   c. Trenta giorni.

5. Hai bisogno di una pausa?

   a. Sì, sono in forma.

   b. Sì, sono stanca.

   c. Sì, ho paura.

6. È vero che una settimana a Roma non basta?

   a. È vero. Ci sono quattordici giorni.

   b. È vero. C'è una collina.

   c. È vero. Ci sono tanti monumenti.

B. **A Roma per la prima volta.**   You are visiting Rome for the first time, and meet another student, Roberto, while exploring the Roman Forum. Complete the conversation by writing appropriate responses to your new friend's questions or comments.

ROBERTO   Io mi chiamo Roberto, e tu?

TU   _____

ROBERTO   Piacere! Sei a Roma per la prima volta?

TU   _____

ROBERTO   E che cosa visiti oggi? E domani?

TU   _____

ROBERTO   Un programma molto interessante! Che caldo!

TU   Anch'io _____. E ho _____!

ROBERTO   Senti, c'è un bar qui vicino. Hai voglia di una cocacola?

TU   _____

ROBERTO   Buona idea! Anch'io ho fame. Allora, andiamo?

TU   _____

C. **Un viaggio fantasia.**   You and a friend are taking a two-week trip to Italy. Write your itinerary, referring to the map on the inside cover of your textbook. You may use expressions such as

Lunedì arriviamo a...
Prima (*First*) andiamo...
Poi (*Then*) visitiamo ... per tre giorni
Compriamo / mangiamo...

_____

_____

_____

_____

_____

_____

D. Quante domande! You have received the following letter from your young Italian cousin, Maria Luisa, and it's full of questions! Write back to her, answering as many of her questions as you can.

> *Ciao, cugino/a!*
> *Come stai? È vero che sei uno studente/una studentessa? Che cosa studi? Dove studi? Studi l'italiano? È difficile? Hai molti amici? Lavori? È vero che voi americani mangiate la pizza e anche la pasta?*
>
> *a presto,*
> *Maria Luisa*

_____
_____
_____
_____
_____
_____
_____

E. Il gioco dell'identità. You are a contestant on a game show. Introduce yourself to the audience, telling them your name and age, where you are from, where you live now, and what you are studying. Include whether or not you work and one or two interesting details about yourself.

_____
_____
_____
_____
_____
_____
_____

F. **Provare la vostra intelligenza!** Read the following clues and complete the chart. You will need to find some answers through a process of elimination.

Nome	Cognome	Età	Città	Professione
Riccardo		25		dentista
Alessandro				
	Muti			
		64		
			Palermo	

1. La persona che ha sessantaquattro anni è di Firenze.

2. La signora Muti è professoressa.

3. Anna abita a Palermo.

4. Giacomina Muti ha trentacinque anni.

5. Lorenzo è avvocato.

6. L'ingegnere Sabbatucci è di Bari.

7. Il signor Martini è di Torino.

8. La persona che ha diciannove anni è studentessa.

9. La persona di Firenze si chiama Rossi.

10. Una persona è di Roma. Una persona ha ventitré anni. Una persona ha il cognome Di Grazia.

G. **Ritratto di ... Marta Gallinari.** Read the interview with Marta Gallinari and then decide whether the statements that follow are true or false.

Ritratto
Marta Gallinari

Buongiorno, signora Gallinari.
Buongiorno. Benvenuta a Roma!

Grazie. Lei è romana?
No, non esattamente. Sono nata° a Civitavecchia, a nord-ovest di Roma, ma abito   *I was born*
a Roma da quando mi sono sposata.°   *I was married*

Quanti anni ha Lei?
Ho quarantadue anni. Sono sposata e ho due figli:° mio figlio ha nove anni e mia   *children*
figlia ha dodici anni.

Lavora?
Sì, sono un'accompagnatrice turistica.° Organizzo viaggi turistici per conto   *tour operator*
di° un'agenzia di viaggio.   *on behalf of*

Allora, Lei è una guida?
No, non sono una guida. Preparo il programma di viaggio e curo i particolari.°   *details*
Controllo l'itinerario turistico, gli orari,° i biglietti,° i ristoranti, l'albergo. Se   *timetables / tickets*
qualcuno ha un problema, cerco di risolvere il problema.

Per esempio?
Per un turista vegetariano cambio il menù; per un turista romantico trovo una
'camera con vista'.° Trovo sempre la soluzione: sono contenti i turisti e sono   *room with a view*
contenta anch'io!

1. V   F   Marta Gallinari è romana.

2. V   F   Civitavecchia è una città a nord-ovest di Roma.

3. V   F   Marta ha ventitré anni.

4. V   F   Lei abita a Milano.

5. V   F   Marta è una guida turistica.

6. V   F   Marta aiuta (*helps*) i turisti.

7. V   F   Quando i turisti sono contenti, anche Marta è contenta.

H. **Roma di notte.**   Indicate the correct choice based on information you can find on the website for ActivItaly, which offers guided tours of Rome.

ActivItaly — *Visita Roma e l'Italia con gli itinerari di ActivItaly.*

Roma di notte

Un'indimenticabile notte romana con visita ai principali monumenti illuminati.

Durata: 3 ore - tutti i giorni
Prezzo: €32,00 a persona
Partenza: da Piazza Venezia h.19.00 -
                   da Agenzia ActivItaly h.20.00
Fornitore: vedere catalogo on line
Guida responsabile: Anna Lucchetti
Lingue disponibili: italiano - inglese - francese -
                   tedesco - spagnolo - giapponese
Itinerario: Fontana delle Naiadi, Palazzo delle Esposizioni, Piazza Venezia e Altare della Patria, Colle Capitolino, Fori Romani, Colosseo, Arco di Costantino, Circo Massimo, Castel Sant'Angelo, San Pietro, Villa Borghese, Piazza del Popolo, Via Veneto, Piazza Navona, Fontana di Trevi.

Altri itinerari disponibili:
Città del Vaticano
Villa e Galleria Borghese
Lungo il Tevere
Trastevere
Roma Antica

Roma in autobus:
Roma Classica
Roma Imperiale
Roma Cristiana

Escursioni:
Tivoli
Castelli Romani
Napoli e Capri
Napoli e Pompei
Firenze
Assisi

---

1. Durante questa visita un turista può ammirare i monumenti (rovinati / illuminati / cristiani).

2. La visita dura (due / tre / quattro) ore.

3. La visita guidata costa (32,00 / 40,00 / 19,00) euro a persona.

4. La guida parla molte lingue, per esempio, il francese, l'inglese e (il giapponese / il cinese / l'arabo).

5. Un altro itinerario propone la visita ai monumenti lungo il fiume di Roma: il (Po / Liri / Tevere).

6. Se un turista desidera visitare il Colosseo e i Fori Romani durante il giorno, deve fare l'itinerario che si chiama Roma (Cristiana / Moderna / Classica).

7. È possibile fare alcuni itinerari in (automobile / autobus / treno).

8. ActivItaly organizza anche visite a (Venezia / Ostia Antica / Tivoli).

I. **Una conversazione con Anna Lucchetti.** You have decided to take the **Roma di notte** guided tour. Write a short conversation in which you ask the guide, Anna Lucchetti, some questions about herself and about Rome. She might want to ask you some questions as well.

_____

_____

_____

_____

_____

_____

_____

_____

UNITÀ 2 — Studiare: IMPARIAMO L'ITALIANO!

Vocabolario e grammatica

A. Complete the following sentences with the appropriate nouns and definite articles.
(**Si dice così A**)

Esempio   **La lezione** comincia alle dieci.

1. Scrivo i compiti con _____ o con _____.

2. Scriviamo alla lavagna con _____.

3. Vediamo che ore sono con _____.

4. La persona che insegna un corso è _____.

5. Durante la lezione, lo studente ascolta e prende _____.

6. Quando la studentessa esce dall'aula, apre _____.

7. Uno studente mette i libri dentro _____.

8. Gli studenti si siedono sulle _____ con i libri sul _____.

B. Create questions and answers using the following cues and the correct form of the verb.
(**I verbi della seconda e della terza coniugazione**)

Esempio   Signora / vivere a Napoli
   —**Signora, Lei vive a Napoli?**
   —**Sì, vivo a Napoli. / No, non vivo a Napoli.**

1. Alberto (tu) / vedere la lavagna

   —_____?
   —_____.

2. Valeria (tu) / seguire un corso di storia medievale

   —_____?
   —_____.

3. Dottor Anciello / preferire il tè o il caffè

   —_____?
   —_____.

4. Paola e Fabiano / partire per le vacanze

   —_____?
   —_____.

5. Professoressa / capire il problema

   —_____?
   —_____.

C. First read each paragraph and choose the verb or verbs that best complete each sentence. Then write the appropriate verb forms in the spaces provided. (**I verbi della seconda e della terza coniugazione**)

1. scrivere / rispondere / chiedere / leggere / preferire

   In classe gli studenti _____ il libro di testo e poi

   _____ alla lavagna. Quando il professore

   _____ "Chi _____ scrivere la

   risposta alla lavagna?", tutti gli studenti _____ "Io, io!"

2. rispondere / leggere / ricevere / finire / spedire / aprire

   Quando Anna _____ una lettera da un'amica italiana,

   è contenta. _____ la lettera e _____.

   Quando lei _____ di leggere la lettera,

   _____ subito alla lettera. Poi lei _____

   la risposta alla sua amica in Italia.

3. leggere / dormire / vivere / pulire / mettere / sentire

   Io ed il mio amico Marco _____ in un appartamento. Ogni

   sabato io _____ la mia stanza: _____

   i vestiti nell'armadio e i libri sullo scaffale. Quando io e Marco

   _____ i libri, _____ la musica perché

   abbiamo un bello stereo. Quando io ho sonno, _____.

D. Create logical sentences using one element from each column. Be sure to use the correct form of the verb. (**I verbi della seconda e della terza coniugazione**)

Noi	rimanere	la musica
La studentessa	discutere	rapidamente
Tu	costruire	la madre di Massimo
Il bambino	crescere	a casa per due giorni
La lezione	conoscere	a mezzogiorno
Voi	finire	l'autobus per andare a scuola
Marco e Gina	prendere	di sport con gli amici
	sentire	una casa vicino al mare

1. _____

2. _____

3. _____

4. _____

5. _____

6. _____

7. _____

E. Write six sentences describing the objects you see in Claudia's room and how she uses them.
(**Si dice così B**)

Esempio   C'è un letto. Claudia usa il letto per dormire.

1. _____
2. _____
3. _____
4. _____
5. _____
6. _____

F. Change the following words from singular to plural. Don't forget the articles!
(**I sostantivi plurali**)

Esempio   la matita e la penna
  le matite e le penne

1. la scuola, il liceo e l'università _____
2. il giorno, il mese e l'anno _____
3. la finestra, la porta e l'orologio _____
4. il televisore, il videoregistratore e il computer _____
 _____
5. la mensa, la palestra e la biblioteca _____
6. il teatro, il parco e lo stadio _____
7. il corso, la classe e la lezione _____
8. il ristorante, il bar e il cinema _____
9. l'isola, il lago e la montagna _____
10. lo zaino, il quaderno e il libro _____

G. Rewrite the following sentences in the plural. Remember to change *all* the articles and nouns, and the verb as well. (**Gli articoli determinativi plurali**)

> *Esempio*   La studentessa guarda il film.
>   **Le studentesse guardano i film.**

1. L'amica capisce il problema. _____

2. L'avvocato parla con la signora. _____

3. Il signore cerca il dischetto. _____

4. Lo studente scrive la tesi. _____

5. L'amico pulisce la stanza. _____

6. Il professore insegna la lezione. _____

H. Identify the subjects that the following people study. (**Si dice così C**)

1. Sara desidera diventare dottore o medico; studia _____ e

   _____.

2. Elisabetta desidera diventare avvocato; studia _____ o

   _____.

3. Stefano conosce il latino e il greco; studia _____.

4. Fabio desidera costruire grandi palazzi; studia _____.

5. Patrizia ama lavorare con i numeri; studia _____.

6. Pietro desidera diventare un uomo politico, forse un senatore o il presidente! Pietro

   studia _____.

I. Complete each sentence with the opposite of the adjective in italics. Remember to use the correct form. (**Gli aggettivi**)

1. La lezione 1 è *facile* ma le lezioni 2 e 3 sono _____.

2. Il registratore è *vecchio* ma le cuffiette sono _____.

3. Rita è *alta* ma Aldo e Bruno sono _____.

4. Gli amici sono *simpatici* ma Federico è _____.

5. Sandra e Barbara sono *ricche* ma Giuseppina è _____.

6. I ragazzi sono *allegri* ma la signora è _____.

7. I film sono divertenti ma il programma televisivo è _____.

8. Il gelato è *buono* ma i broccoli sono _____.

J. Rewrite each sentence placing the appropriate form of the adjective in the correct position. (**Gli aggettivi**)

> *Esempio*   Alle undici ho una lezione di arte.   (precolombiano)
>   **Alle undici ho una lezione di arte precolombiana.**

1. Seguo un corso all'università.   (interessante)

   _____

2. C'è un professore che si chiama Enzo Pollini.   (bravo)

   _____

3. Ci sono molti studenti nella classe.   (simpatico)

_____

4. Ci sono due ragazze che si chiamano Eva e Heidi.   (tedesco)

_____

5. Dopo la lezione c'è un gruppo di discussione.   (piccolo)

_____

6. La lezione è in un'aula.   (grande)

_____

K. Complete the following sentences with the appropriate possessive adjectives. (**Gli aggettivi possessivi**)

Esempio   Nella nostra università ci sono **i nostri** professori e **le nostre** lezioni.

1. Nella mia cartella metto *la mia penna*, _____ calcolatrice, _____ agenda, _____ matite e _____ fogli.

2. Nello zaino di Carlo trovo *i suoi occhiali*, _____ orologio, _____ penne e _____ libri.

3. Nella vostra stanza ci sono *i vostri dizionari*, _____ ombrello, _____ stampante, _____ computer e _____ fotografie.

4. Nella camera di Alberto e di Salvatore ci sono *i loro libri*, _____ televisore, _____ bicicletta e _____ amici!

L. Circle the word that best completes each of the following sentences. (**Si dice così D**)

1. Un allievo che preferisce non lavorare è _____.
   a. studioso   b. interessato   c. pigro

2. Dopo la scuola elementare, i bambini frequentano la scuola _____.
   a. media   b. materna   c. insegnante

3. Non andare alla lezione si chiama _____ la lezione.
   a. saltare   b. ripetere   c. imparare

4. Una bambina che non trova interessante la scuola è _____.
   a. attenta   b. media   c. annoiata

5. Un'altra parola per **maestro** o **maestra** è _____.
   a. giudizio   b. insegnante   c. alunno

6. Una scuola per i bambini piccoli è un _____.
   a. intervallo   b. liceo   c. asilo

M. Complete the following conversations with the appropriate form of the verb in parentheses. (**I verbi irregolari**)

—Tu (venire) _____ con noi alla presentazione oggi pomeriggio?

—Sì, (venire) _____ volentieri. È un argomento molto interessante.

—(Venire) _____ anche Roberto?

—No, Roberto (stare) _____ a casa oggi. Domani (dare)

_____ l'esame di fisica.

—Patrizia, sei libera stasera?

—No, mi dispiace. Io e Alberto (uscire) _____.

—E dove (andare/voi) _____?

—(Andare) _____ alla nuova discoteca. (Venire)

_____ anche tu?

—No, grazie. Anch'io (uscire) _____ stasera. (Andare)

_____ ad un concerto di musica barocca per il corso di storia

della musica.

N. A classmate wants to know about your likes and dislikes. For each item listed, write your classmate's question and your response using the verb **piacere**. (**Il verbo *piacere***)

Esempio   la letteratura
  —Ti piace la letteratura?
  —Sì, mi piace. / No, non mi piace.

1. i ravioli

  — _____

  — _____

2. l'arte

  — _____

  — _____

3. andare in bicicletta

  — _____

  — _____

4. le lezioni alle otto

  — _____

  — _____

5. i film lunghi

  — _____

  — _____

6. l'italiano

  — _____

  — _____

O. Create sentences stating that the following people like the people, things, or activities listed. Use indirect-object pronouns as in the example. (**Il verbo** *piacere*)

Esempio   a voi / musica
             Vi piace la musica.

1. a loro / le vacanze _____

2. a lui / i buoni alunni _____

3. a Carla / la scuola materna _____

4. a voi / le automobili giapponesi _____

5. a Lei / la Sua camera _____

6. agli amici / viaggiare _____

7. a me / il sabato _____

8. a noi / imparare una lingua straniera _____

Pratica comunicativa

A. **Come rispondere?**   Circle the letter of the appropriate response to the following statements and questions.

1. Accidenti! Non sono preparato; non ho una penna!
   a. Ecco, prendi la mia.
   b. Aiuto!
   c. Magari!

2. Hai una borsa di studio?
   a. Magari! No, pago io.
   b. D'accordo, ecco la mia borsa.
   c. Sì, prendi questa.

3. Perché non mangiamo un panino insieme?
   a. Mi dispiace, non ho fame.
   b. Mi dispiace, non ho caldo.
   c. Mi dispiace, seguo già quattro corsi.

4. Gli altri studenti nella classe sono bravi?
   a. No, sono attenti e studiosi.
   b. Sì, sono sempre annoiati.
   c. No, saltano sempre le lezioni.

5. Giovanna, non vengo alla festa con voi; ho bisogno di studiare.
   a. Che peccato!
   b. D'accordo, tra quindici minuti.
   c. Magari!

6. Roberto! Cosa fai qui alla Facoltà di Lettere? Non studi economia?
   a. Benone!
   b. Ho cambiato facoltà.
   c. Ho lezione alle dieci.

B. **Intervista con un professore.** You are a new teacher at an Italian **liceo,** and a student is interviewing you for the school newspaper. Answer the student's questions.

1. —Come si chiama Lei?

   — _____

2. —Di dov'è?

   — _____

3. —Quali corsi insegna qui?

   — _____

4. —Quale corso Le piace di più?

   — _____

5. —Le piacciono gli studenti del nostro liceo?

   — _____

6. —Che cosa fa nel tempo libero?

   — _____

C. **Due compagni di scuola.** Write short descriptions of two classmates. Include each person's name, approximate age, and any other information you know about him/her. Use at least four adjectives in each description.

1. _____

   _____

   _____

   _____

2. _____

   _____

   _____

   _____

D. **Giornate tipiche.** Describe your schedule for a typical Monday and Thursday. List at least five activities you do on each day and specify at what time you do them.

1. Il lunedì io _____

   _____

   _____

   _____

2. Il giovedì io _____

   _____

   _____

   _____

E. **Tutto quello che ho.** Write complete sentences stating whether or not you have the following. If you do, write a brief description.

Esempio automobile
Ho un'automobile. La mia automobile è vecchia. È un'automobile giapponese. / Non ho un'automobile.

1. computer _____

_____

2. bicicletta _____

_____

3. compagno/compagna di camera _____

_____

4. televisore _____

_____

5. ragazzo/a (*boyfriend/girlfriend*) _____

_____

F. **Il gioco dell'eliminazione.** Hidden in the chart below are an Italian expression and an appropriate response to that expression. To discover what these expressions are, cross out the following words in the chart:

- two things a teacher does
- two types of school in Italy
- three things you might find in a classroom
- two things you use to listen to music
- three types of **liceo** in Italy
- three common adjectives that often precede a noun

liceo	bello	in	interrogare
bocca	sedia	classico	lavagna
insegnare	grande	artistico	al
cuffiette	lupo!	povero	asilo
scientifico	stereo	banco	crepi!

Espressioni: _____

_____

G. Quale istituto? Indicate whether each characteristic listed pertains to the Istituto Commerciale Bellini (ICB) or the Istituto Culturale "Bell'Italia" (ICBI).

Istituto Commerciale Bellini
Via XXII Novembre 286 Milano

Corsi intensivi per l'estate
- lingua inglese
- marketing
- informatica I. e II.
- economia
- statistica
- design

I corsi cominciano il 5 giugno
e finiscono il 15 luglio.

Dormitori disponibili
per studenti stranieri.

Istituto Culturale "Bell'Italia"
Via Faenza 62, Firenze

Corsi di lingua e cultura italiana per stranieri
- **Italiano elementare, intermedio e avanzato**
- **Conversazione in italiano**
- **Storia dell'arte italiana (in inglese)**
- **Conoscere il vino italiano! (in italiano)**
- **3000 anni di architettura italiana (in italiano)**

I corsi cominciano il 10/5 e proseguono fino al 2/8.

Gli studenti vivono in appartamenti
con altri studenti dell'Istituto.

Costo del programma: 3.000 euro.

ICB ICBI

1. ____ ____ È situata a Firenze.
2. ____ ____ Offre corsi di lingua italiana.
3. ____ ____ Offre corsi nel mese di maggio.
4. ____ ____ Gli studenti vivono in degli appartamenti.
5. ____ ____ Gli studenti imparano a lavorare con i computer.
6. ____ ____ Questo programma va bene per una persona che desidera trovare lavoro.
7. ____ ____ Questo programma va bene per una persona interessata alla storia dell'architettura.

H. **Studiare in Italia.**   You have decided to spend part of the summer in Italy attending one of the schools advertised in Activity G. Write a letter to a friend in which you describe the school: where it is located, what it is like, what courses you are taking, and what you are learning. Also describe your classmates and where you are living.

_____

_____

_____

_____

_____

_____

_____

UNITÀ 3 — Abitare: ANDIAMO A CASA MIA!

Vocabolario e grammatica

A. Complete the following sentences with the appropriate family member. (**Si dice così A**)

Esempio   Il figlio di mio zio è **mio cugino.**

1. Le figlie di mio zio sono _____.
2. Il fratello di mio padre è _____.
3. La mamma di mio zio è _____.
4. Le sorelle di mia madre sono _____.
5. Il padre di mia madre è _____.
6. Il marito di mia sorella è _____.
7. I figli di mia figlia sono _____.
8. La moglie di mio figlio è _____.

B. Answer the following questions using possessive adjectives as in the example. (**Si dice così A**)

Esempio   Il fratello di Donatella è studente?
        Sì, suo fratello è studente.

1. I cugini di Mario vivono a Perugia?

   _____

2. La zia di Lorenzo e Angela si chiama Marina?

   _____

3. Il suocero di Vittorio è simpatico?

   _____

4. I vostri nonni vengono quest'estate?

   _____

5. La mamma di Cinzia lavora in banca?

   _____

6. Il figlio di Claudia e Tino frequenta la scuola materna?

   _____

C. Circle the correct interrogative word. Then write a logical answer to each question. (**Le parole interrogative**)

1. (Chi / Come) abita in quella casa? _____

2. (Dove / Che) vive tuo cugino? _____

3. (Come mai / Quando) non vieni con noi? _____

4. (Quando / Quale) giornale compri? _____

5. (Chi / Quanto) costa il tuo libro? _____

6. (Quale / Dove) lavora tuo padre? _____

7. (Chi / Che cosa) hai nello zaino? _____

8. (Dove / Quando) parti per l'Italia? _____

D. Read the following paragraph. Then write as many questions as you can about the events it describes. (**Le parole interrogative**)

Luca e Stefania si sposano tra due giorni. Il matrimonio è a Cefalù, e vengono tutti i parenti dei due giovani. Almeno centoventi persone vengono. Monica, la sorella di Stefania, arriva dagli Stati Uniti. Luca e Stefania si sposano in chiesa e poi danno un ricevimento nel ristorante Gallo d'Oro. Partono il giorno dopo per la luna di miele in Tunisia.

_____

_____

_____

_____

_____

_____

E. Circle the item that is out of place in each of the following lists. (**Si dice così B**)

1. In sala da pranzo: una tavola / sedie / un quadro / un letto

2. In camera da letto: un letto / una sedia / una lavagna / una lampada

3. In cucina: un giardino / una lavastoviglie / un forno / una tavola

4. In bagno: la doccia / il WC / il divano / il bagno

5. In aula: una lavagna / una penna / uno scaffale / una poltrona

6. Nell'orto: broccoli / i mobili / insalata / zucchine

7. In salotto: il divano / la poltrona / il WC / il televisore

F. Complete each paragraph with the appropriate forms of the adjective given.
(**Bello** e **buono, questo** e **quello**)

1. (bello) La famiglia di Luca vive in una _____ villa fuori città. La casa

   è piena di _____ mobili. C'è un quadro molto _____

   nel soggiorno; è un _____ esempio di arte religiosa siciliana. Dal terrazzo

   c'è un _____ panorama della città.

2. (quello) Ecco una fotografia del matrimonio di Stefania. _____ ragazzi

   sono i miei cugini. _____ signora è un'amica di mia madre.

   _____ ragazzo è il mio fidanzato e _____ uomini son amici

   di Luca.

3. (buono) Mamma, devi comprare alcune cose per la scuola. Ho bisogno di un

   _____ computer, di una _____ agenda, di un

   _____ stereo e di molti _____ CD!

G. A furniture store salesman is asking a customer if he likes certain items. The customer
replies that he prefers others. Write the salesman's questions and the customer's responses,
using the items listed. (**Questo** e **quello**)

Esempio lampada
—**Le piace quella lampada?**
—**No, preferisco questa.**

1. divano

   — _____

   — _____

2. quadri

   — _____

   — _____

3. armadio

   — _____

   — _____

4. sedie

   — _____

   — _____

5. tavola

   — _____

   — _____

6. scaffali

   — _____

   — _____

H. Write two sentences describing the weather illustrated in each drawing. (**Si dice così C**)

1. _____

   _____

3. _____

   _____

2. _____

   _____

4. _____

   _____

I. Complete the following sentences by naming two activities you enjoy doing in each situation. (**Si dice così C**)

1. Quando fa bello, mi piace _____ e _____.

2. Quando piove, preferisco _____ e _____.

3. Quando fa molto freddo, mi piace _____ e _____.

4. Quando nevica, mi piace _____ e _____.

5. Quando fa un caldo bestiale, preferisco _____ e _____.

J. For various reasons, none of Piero's friends can go out with him today. Complete each sentence with the appropriate forms of **dovere, potere,** or **volere.** (*Volere, dovere e potere*)

1. Ludovico vuole andare al mare con Piero, ma non _____ perché

   _____ studiare.

2. Noi _____ andare con Piero, ma non siamo liberi; _____ lavorare.

3. Roberta e Sandro _____ rimanere a casa perché aspettano una telefonata importante.

4. Tu e Margherita non _____ venire; domani _____ dare

   l'esame di storia e _____ essere preparate.

5. Ernesto non _____ andare al cinema stasera. _____ andare a trovare nostra zia all'ospedale.

6. Mi dispiace, Piero! Io e Stefania _____ studiare stasera.

K. Give the correct forms of the modal verbs in the following conversation. (*volere, dovere* e *potere*)

—Buongiorno, signora. Desidera?

—Forse Lei mi (potere) _____ aiutare. Io (volere) _____ affittare una casa al mare per il mese di agosto.

—Sì, e dove (volere) _____ affittare, signora?

—Non importa dove. A Cefalù, a Lipari oppure a Taormina. Ma la casa (dovere) _____ essere vicino al mare. I miei figli (volere) _____ andare alla spiaggia tutti i giorni.

—E quanto (volere) _____ spendere?

—Non importa.

—Bene, (potere / noi) _____ trovare senz'altro una splendida casa per Lei, signora.

L. Write logical sentences using one element from each column. Be sure to use the correct verb form. (**I verbi irregolari** *fare, dire* e *bere*)

I miei fratelli	fare	cambiare casa fra poco
Io	volere	andare al mare
Luca e Stefania	dire	una cocacola al bar
Tu e Mario	potere	spedire una cartolina all'ufficio postale
La mamma	dovere	programmi per il loro matrimonio
Io e Marco	non volere	la notizia al papà
Mio nonno	bere	i compiti per il corso di biologia
Tu	non potere	vedere la casa di Alessandra
		comprare un giornale all'edicola
		invitare tutti i parenti al matrimonio

1. _____

2. _____

3. _____

4. _____

5. _____

6. _____

7. _____

8. _____

M. Specify where you might perform each of the following activities, using complete sentences. (**Si dice così D**)

Esempio ascoltare musica e ballare
          Ascolto musica e ballo in discoteca.

1. comprare un giornale _____

2. prendere un treno _____

3. spedire una lettera _____

4. comprare sigarette _____

5. vedere un film _____

6. cambiare dollari americani _____

7. comprare medicine _____

8. studiare e usare l'enciclopedia _____

N. Complete the following sentences with the appropriate contracted prepositions.
(**Le preposizioni articolate**)

1. Di chi è questa bicicletta? Della professoressa? _____ studente?
   _____ tuoi fratelli? _____ amici?
   _____ professore? _____ mia sorella?

2. Dove sono i miei libri? Nell'armadio? _____ zaino? _____
   banco? _____ automobile? _____ cucina?

3. Dove andate di bello? Al mare? _____ negozi? _____ casa
   dei nonni? _____ stadio? _____ università?

4. Da dove arrivi? Dall'aeroporto? _____ stazione? _____
   centro? _____ ufficio?

5. Non trovo la mia penna. Non è sul tavolo. Non è _____ scaffale. Non è
   _____ scrivania. Ah, eccola _____ letto!

6. Con chi vai al cinema? Con Roberto? _____ gli amici?
   _____ la tua fidanzata?

Pratica comunicativa

A. **Come rispondere?**   Circle the letter of the most logical response to each question.

1. Vedi quel quadro vicino alla finestra?
   a. Quale, questo?
   b. Quale, questa?
   c. Quando?

2. Qui fa un caldo bestiale! Cosa facciamo?
   a. Andiamo a sciare!
   b. Andiamo a fare il bagno!
   c. Andiamo dentro il vulcano!

3. Devi andare in banca?
   a. Sì, voglio cambiare dei soldi.
   b. Sì, voglio comprare un giornale.
   c. Sì, devo spedire una lettera.

4. Ma dove ci sposiamo?
   a. Il 17 giugno.
   b. In chiesa.
   c. Luca e Stefania.

5. Permesso, signora... ?
   a. Ti voglio bene!
   b. Ti offro io!
   c. Avanti! Benvenuta!

B. **Il fine settimana.** Write eight sentences describing your plans for this weekend. Indicate which activities you must do and which ones you want to do.

Sabato: _____

_____

_____

_____

Domenica: _____

_____

_____

_____

C. **Il nuovo vicino di casa.** Daniela has just moved to a new town and is meeting her next-door neighbor for the first time. She also wants some information about the area. After reading the neighbor's responses, write Daniela's questions.

—_____?

—Mi chiamo Giuseppe Leone. Molto piacere.

—_____?

—L'ufficio postale non è lontano da qui, è in centro.

—_____?

—Apre alle otto e mezzo.

—_____?

—Può andare in centro con l'autobus.

—_____?

—Costa 1,25 euro, ma prima deve comprare il biglietto.

—_____?

—Al bar.

—_____?

—No, grazie. Molto gentile, ma oggi non posso.

—_____?

—Devo stare a casa. Aspetto una telefonata importante. Comunque, molto piacere di conoscerLa. ArrivederLa.

D. **La mia famiglia.** Write at least eight sentences describing three or four members of your family. Include their names, ages, and relationship to you, as well as where they live and what they do.

_____

_____

_____

_____

_____

_____

_____

_____

_____

_____

_____

E. **Cambiare casa.** You would like to move, but first you have to do two things: find a new house or apartment and find a tenant for the apartment you are living in now. Using the following ads as models, write a classified ad for the type of apartment you are looking for and one for your current residence.

CERCASI appartamento centrale, zona università. Due camere, cucina. Ingresso privato. Vicino al mare. Prezzo vantaggioso. Telefono 06.52.83.700

CERCASI villetta con giardino. Zona rurale, tranquilla. Cucina, due bagni, bicamerale. Due persone. Da settembre. 800 euro massimo. Tel. 06.63.01.001

AFFITTASI Milano Via Garibaldi appartamento monolocale, cucina, bagno. 55 mq. Arredamento confortevole. Terrazzo. Bel panorama della città. Quarto piano. Telefono 06.95.18.487

AFFITTASI villa signorile, panorama, giardino, orto. Tre camere due bagni. Grande cucina. Doppio soggiorno. Ingresso privato. Fuori città. 900 euro. Tel. 06.32.14.111

Cercasi _____

_____

_____

_____

_____

_____

_____

Affittasi _____

_____

_____

_____

_____

_____

_____

F. **Cruciverba.** Complete the following crossword puzzle.

Orizzontale

7. Una festa dopo la cerimonia del matrimonio

8. La moglie di tuo figlio

9. Un bel posto per guardare una partita di calcio (*soccer*)

10. La forma "Lei" di **potere**

11. A gennaio fa un freddo _____!

12. Il plurale di **uomo**

13. È utile per andare dal primo (*first*) piano al secondo piano

17. Il contrario di **brutte**

18. È utile per sapere che ora è

Verticale

1. La cattedrale di una città

2. Cambiare casa

3. Io scio, tu scii, Stefania _____

4. La forma "io" di **dire**

5. Una città abruzzese sull'Adriatico

6. Il tipo di una casa: signorile, moderno o semplice

8. È la figlia di tua sorella

14. Costa molto!

15. Dura dodici mesi

16. Il fratello della tua mamma

Ritratto
Milena Lonati

Ciao! Come ti chiami e quanti anni hai?
Ciao! Io mi chiamo Milena Lonati. Ho ventun anni e studio all'università di Palermo.

In quale facoltà studi?
Sono alla Facoltà di Giurisprudenza; il mio indirizzo di studio è la criminologia.°   *criminology*

Sei di Palermo?
No, sono di Trapani, dove abita tuttora° la mia famiglia. Studio a Palermo perché   *still*
la Facoltà di Legge è molto rinomata.° Durante l'anno accademico vivo in un   *renowned*
appartamento con le mie cugine che studiano anche a Palermo.

In che cosa consiste la tua giornata tipica?
Esco alle 8.00, vado al bar e faccio colazione,° tipicamente un cappuccino e una   *have breakfast*
brioche. Poi ho lezione alle 9.00; è una lezione di sociologia. A mezzogiorno
incontro i miei amici alla mensa e mangiamo insieme. Dopo pranzo,°   *After lunch*
normalmente andiamo al bar per un espresso. Durante il pomeriggio studio in
biblioteca o assisto° ad un'altra lezione.   *attend*

Oggi che cosa fai?
C'è una lezione sulla struttura delle prigioni° in Italia, alla Facoltà di   *prison structure*
Scienze Politiche. Prima di tornare a casa, faccio la spesa.° Oggi è il mio   *I do the grocery shopping*
turno°—devo cucinare io la cena!°   *turn / dinner*

E stasera?
Stasera voglio andare al cinema con due miei amici—mi piacciono molto i film
recenti! C'è un film di Nanni Moretti, al cinema vicino a casa mia.

G.   **Vero o falso?**   Indicate whether each of the following statements is true or false, according to the interview with Milena Lonati.

1. V   F   Milena Lonati ha 19 anni.

2. V   F   Studia a Siracusa.

3. V   F   È alla Facoltà di Legge.

4. V   F   Ha la lezione di sociologia di mattina.

5. V   F   La sua famiglia abita a Trapani.

6. V   F   Milena abita con i suoi nonni.

7. V   F   Milena fa colazione a casa.

8. V   F   A mezzogiorno mangia con gli amici.

9. V   F   Le cugine cucinano la cena stasera.

10. V   F   Le piace il cinema.

H. **Vero o falso?**   You and your family want to rent a home in Sicily. Look at the ad and indicate whether the following statements are true (**V**) or false (**F**). Then correct the false statements.

Villetta... Villetta... Villetta

Sulle morbide colline davanti alle acque incontaminate della Riserva Naturale dello Zingaro, sorge l'antico borgo di Scopello. Nel suo splendido baglio, all'ombra di un eucaliptus centenario, si trovano un ristorante, due caffè-gelateria, alcuni negozi di ceramiche siciliane e souvenir. Durante le sere d'estate si tengono alcuni concerti di musica classica e jazz. Nel borgo inoltre c'è l'ufficio postale, uno sportello bancomat, il pronto soccorso, il giornalaio, la chiesa, alcuni negozi di generi alimentari.

Villetta signorile situata nell'incantevole area di Scopello, immersa in 2.200 metri quadrati di verde, fra alberi da frutto e ulivi. La villetta è composta da: 2 camere da letto matrimoniali (con possibilità di aggiungere 1 letto singolo) - Soggiorno con angolo cucina - 2 bagni - doccia esterna - TV a colori. Condizionatori di aria calda e fredda in ogni stanza.

Prezzi per Settimana:
(soggiorni da sabato a sabato)

Periodo:

Da Novembre a Marzo: Euro 660,00
Da Aprile a Maggio: Euro 700,00
Giugno: Euro 720,00
Luglio: Euro 820,00
Agosto: Euro 995,00
Settembre: Euro 720,00
Ottobre: Euro 670,00

Prenotazione On-line

Posti letto: 5 + 1
Distanza da Palermo: 70 km circa
Distanza da Scopello: 1 km circa
Distanza dalla Riserva Naturale dello Zingaro: 1,5 km
Lo spazio esterno è attrezzato con: tavolo da pranzo sotto pergolato, sdraio, barbecue.
2 terrazzi, uno dei quali si affaccia sul Golfo di Castellammare.
2 posti macchina al coperto.

1. _____ Il borgo di Scopello è sulle colline.

   _____

2. _____ Nel borgo ci sono un cinema e un museo di storia naturale.

   _____

3. _____ Durante l'estate è possibile assistere a concerti di musica rock.

   _____

4. _____ La villetta è lontano dagli alberi.

   _____

5. _____ Nella villetta otto persone possono dormire.

   _____

6. _____ La villetta è situata molto lontano dal paese di Scopello.

   _____

7. _____ Nella casa ci sono due bagni e una doccia esterna.

   _____

8. _____ Da uno dei terrazzi è possibile vedere il mare.

   _____

9. _____ Le persone che affittano la casa possono arrivare quando vogliono.

_____

10. _____ Affittare la casa durante l'inverno è più costoso.

_____

I. **Una settimana a Scopello.** Imagine that you are spending the week with your family at the villetta in Scopello advertised on page 43. Write a short letter to a friend in which you describe the weather, who is staying with you, the house, the town, your impressions of the place, what you and your family are doing there, and anything else you might want to include.

_____

_____

_____

_____

_____

_____

_____

_____

_____

_____

_____

_____

_____

Comprare: FACCIAMO DELLE COMMISSIONI!

Vocabolario e grammatica

A. Circle the word that doesn't belong in each group and then explain why it is out of place, as in the example. (**Si dice così A**)

Esempio   le ciliegie / ⟨la lattuga⟩ / l'arancia

La lattuga non è una frutta; è una verdura.

1. la bistecca / il pollo / il prosciutto / l'uva

   _____

2. le patate / il melone / gli spinaci / i piselli

   _____

3. le banane / i limoni / le pere / le ciliegie

   _____

4. la biblioteca / le uova / il pane / il formaggio

   _____

5. la mela / le fragole / l'ananas / il latte

   _____

6. le carote / le melanzane / il pesce / le cipolle

   _____

B. A friend is asking what you did last evening. Write questions and answers using the words provided, as in the example. (**Il passato prossimo**)

Esempio   dove essere ieri sera / uscire
   —Dove sei stato/a ieri sera?
   —Sono uscito/a.

1. che cosa fare ieri sera / andare ad una festa

   — _____

   — _____

2. a che ora uscire / uscire alle sette e mezzo

   — _____

   — _____

3. come arrivare alla festa / andare con l'autobus

   — _____

   — _____

4. chi vedere alla festa / vedere Marco e Anna

— _____

— _____

5. che cosa fare alla festa / ballare e parlare con gli amici

— _____

— _____

6. fino a (*until*) che ora rimanere là / tornare a casa a mezzanotte

— _____

— _____

C. Complete the following paragraph by writing the correct form of the verbs in parentheses in the **passato prossimo**. (**Il passato prossimo**)

Stamattina Carolina _____ (uscire) molto presto.

_____ (Andare) al mercato all'aperto vicino a casa sua.

Lì Carolina _____ (comprare) frutta e verdura fresche e

_____ (scegliere) un bel melone. Purtroppo,

_____ (dimenticare) di comprare le fragole.

_____ (Prendere) il caffè ad un bar vicino al mercato e poi

_____ (tornare) a casa. _____ (Preparare)

la prima colazione per la sua amica Mirella. Le due ragazze _____

(mangiare) insieme e _____ (parlare) del più e del meno.

D. Describe what Paolo did last night, according to the drawings. Write two sentences about each drawing. (**Il passato prossimo**)

1.

2.

3.

4.

5.

6.

1. _____
   _____
2. _____
   _____
3. _____
   _____
4. _____
   _____
5. _____
   _____
6. _____
   _____

E. Write out the following numbers in Italian. (**I numeri da 100 a 1.000.000.000**)

1. Nella nostra università ci sono (3.500) _____
   studenti, ma nella tua ce ne sono (2.200) _____.

2. Mio nonno è nato nel (1937) _____
   e mia madre è nata nel (1959) _____.

3. L'affitto per quest'appartamento è (1.150) _____
   euro al mese, ma noi non possiamo pagare più di (950) _____.

4. Il capitolo comincia a pagina (583) _____
   del libro, e finisce a pagina (620) _____.

5. In Italia ci sono più di (58.000.000) _____
   abitanti, e a Roma ce ne sono (3.000.000) _____.

6. Mirella ha comprato una nuova macchina. Ha speso (27.000)
   _____ euro. Per fortuna ha venduto la
   vecchia macchina per (8.500) _____ euro.
   L'automobile è del (2002) _____.

F. Complete the following sentences with an appropriate word or expression. (**Si dice così B**)

1. Un oggetto molto caro è _____.

2. Chi paga con banconote e monete paga in _____.

3. Una signora che lavora alla cassa è una _____.

4. Mettiamo i soldi e le carte di credito nel _____.

5. Quando la commessa ti fa uno _____, paghi un po' meno.

6. Il cassiere dà lo _____ al cliente quando ha pagato.

7. Se trovi un prodotto (*product*) ad un prezzo conveniente, _____ i soldi.

8. Se hai bisogno di soldi, puoi andare in banca e _____ un assegno.

G. Write a paragraph of at least five sentences describing what is happening in the drawing. (**Si dice così B**)

_____
_____
_____
_____
_____
_____
_____

H. Rewrite the following sentences using the partitive. (**Il partitivo**)

Esempi   Vuoi un po' di caffè?   **Vuoi del caffè?**
           Prendi alcune carote?   **Prendi delle carote?**

1. Mi puoi prestare un po' di soldi? _____

2. Vorrei un po' di prosciutto e alcuni grissini, per piacere. _____

_____

3. Ho invitato alcuni amici a casa. _____

4. Mi servono un po' di soldi. _____

5. Vuoi un po' di zucchero? _____

6. Ho comprato alcune matite e un po' di carta. _____

_____

7. I signori prendono un po' di pollo con alcune patate. _____

_____

I. The following questions were overheard at a local market. Answer the questions using **ne,** as in the example. (**Il pronome** *ne*)

> *Esempio*   Quante mele compri?   (3)
> **Ne compro tre.**

1. Quanto pesce vuole? (due etti) _____

2. Quante ciliegie desidera? (mezzo chilo) _____

3. Ha bisogno di cipolle? (Sì) _____

4. Prende della pasta fresca? (Sì, un po') _____

5. Quanti meloni vuole? (solo uno) _____

6. Desidera alcune mele? (Sì, un chilo) _____

7. Ha spiccioli? (No) _____

J. Rewrite each of the following statements to make it true. (**Si dice così C**)

1. Un prodotto (*product*) veramente buono è di ottima bagnoschiuma.

   _____

2. Possiamo comprare il sapone in una macelleria.

   _____

3. Il commesso è la persona che compra i prodotti.

   _____

4. Qualcosa che si vende a prezzo speciale è in passi.

   _____

5. Colgate e Meladent sono due profumi.

   _____

K. Answer the following questions in the affirmative or the negative, replacing the direct object with the appropriate direct-object pronoun. (**I pronomi complemento oggetto diretto**)

> *Esempi*   —Vedi il quadro?
> **—Sì, lo vedo. / No, non lo vedo.**
>
> —Bevete la cocacola?
> **—Sì, la beviamo. / No, non la beviamo.**

1. Guardate la televisione? _____

2. Studiate la filosofia? _____

3. Capisci i pronomi? _____

4. Vuoi il latte? _____

5. Preferite le fragole? _____

6. Pago il conto? _____

7. Mangi la frutta? _____

8. Ordiniamo le pizze? _____

L. Answer the following questions using **ci**, as in the example. (**L'avverbio** *ci*)

> *Esempio* —Ti piace andare alla spiaggia?
> —Sì, ci vado spesso. (Sì, mi piace andarci. / No, non ci vado mai. /
> No, non mi piace andarci.)

1. Ti piace andare alle feste? _____

2. Hai voglia di andare in Italia? _____

3. Vai spesso a New York? _____

4. Sei stato/a mai a Disney World? _____

5. Ti piace studiare in biblioteca? _____

6. Ti piace andare al supermercato? _____

7. Mangi alla mensa della tua università? _____

M. Answer the following questions logically, using direct-object pronouns. (**Si dice così D**)

> *Esempio* Dove puoi comprare un giornale?
> **Lo posso comprare all'edicola. / Posso comprarlo all'edicola.**

1. In quale negozio puoi comprare il dentifricio e l'aspirina?

_____

2. Dove puoi comprare due litri di latte fresco?

_____

3. In quale negozio puoi comprare del formaggio e del salame?

_____

4. Dove puoi comprare sale, sigarette e francobolli?

_____

5. Dove puoi trovare fragole e ciliegie fresche?

_____

6. Dove puoi comprare matite colorate?

_____

7. Dove puoi prendere un gelato al cioccolato?

_____

N. Write questions and answers using the cues given. Follow the example. (**L'accordo con
i pronomi nel passato prossimo**)

> *Esempio* mangiare la torta / Michele
> —**Chi ha mangiato la torta?**
> —**Michele l'ha mangiata.**

1. scrivere la lettera / Caterina

_____

2. vedere le fotografie / gli amici

_____

3. comprare i quaderni / Roberto

_____

4. fare i compiti / noi

_____

5. prendere la banconota da 100 euro / Patrizia

_____

6. mangiare le melanzane / io

_____

Pratica comunicativa

A. **Come rispondere?**   Write the letter of the appropriate response in the right-hand column to each question or statement in the left-hand column.

1. _____ Mamma mia! Sono senza una lira!

2. _____ Che dormiglione che sei stamattina!

3. _____ È lontana la farmacia?

4. _____ Ecco Pino! Non lo voglio vedere. Dai! Andiamo!

5. _____ Guarda questa bicicletta. Ho pagato solo 120 euro!

6. _____ Mirella! Dove vai? Perché tanta fretta?

7. _____ Ti sei divertito al cinema oggi?

a. Devo comprare dei pomodori, e il mercato chiude fra dieci minuti.

b. Eh sì! Sono tornata a casa molto tardi ieri sera.

c. È bellissima! Hai fatto un affare!

d. Ma non essere stupida, Mirella. Pino è un bravo ragazzo!

e. No, è a due passi.

f. Non ti preoccupare. Ti posso prestare venti euro.

g. Sì, il film mi è piaciuto molto.

B. **In una salumeria.**   The following lines are from a conversation between a salesclerk and a customer in a **salumeria.** Put the sentences in the correct order, numbering them from one to thirteen.

_____ Quanti ne vuole?

_____ Arrivederci, signora.

_____ Ne prendo due etti.

_____ Buongiorno, signora, desidera?

_____ Dunque, due etti di prosciutto, quattro panini; fanno 14 euro in tutto.

_____ Ecco a Lei. Arrivederci.

_____ Eccoli, signora. Altro?

_____ Sì, alcuni panini.

_____ Mmmm, forse quattro.

_____ Buongiorno. Un po' di prosciutto crudo di Parma, per cortesia.

_____ No grazie, basta così.

_____ Ecco il prosciutto. Desidera altro?

_____ Quanto ne vuole?

C. Al mercato all'aperto. After a full morning of sightseeing in Assisi, you decide to buy some fresh fruit at the market and take a break. Write a short conversation between you and a **fruttivendolo.** You buy two kinds of fruit and then pay.

FRUTTIVENDOLO _____

TU _____

FRUTTIVENDOLO _____

TU _____

FRUTTIVENDOLO _____

TU _____

FRUTTIVENDOLO _____

TU _____

FRUTTIVENDOLO _____

TU _____

FRUTTIVENDOLO _____

TU _____

FRUTTIVENDOLO _____

D. I miei negozi preferiti. Briefly describe the following stores. For each one, tell the name of the store, where it is located, and some items you typically buy there.

un supermercato dove fai la spesa: _____

_____

_____

una farmacia vicino a casa tua: _____

_____

_____

una gelateria che ti piace: _____

_____

_____

una libreria preferita: _____

_____

_____

E. Cosa ho fatto ieri? Write at least eight sentences describing what you did yesterday. Include where you went and what you did, what you ate, whom you saw, what classes you had, whether or not you worked, and what you did in the evening.

_____

_____

_____

_____

_____

_____

_____

_____

F. **Una giornata piena di commissioni.** You have spent the day shopping in Perugia and shopped at the five stores shown in the advertisements. Write at what time you visited each store, what you bought, and how much you spent. Add any other details you wish.

Via A. Manzoni 202   06087 Perugia   075 3937777   centrouffici@perugia.com

CARTOLERIA CENTROUFFICI

Vasta scelta di articoli di cancelleria
Penne Spalding, Montblanc, Aurora
agende, quaderni, album fotografie
Venite a vedere il nostro negozio.   Vi aspettiamo!

IL POZZO DELLE CERAMICHE
Via del Morone 18   06123 Perugia   39 075 5735295

Articoli da regalo per ogni occasione
Ceramiche artigianali, liste nozze, bomboniere
Accessori per la cucina
È un tocco di raffinatezza e di buon gusto per la vostra casa.

Acquisti superiori a €50: sconto 10%

GAGGI ALIMENTARI

P.zza D. Birago 49
06100 Perugia
075 323215

Vasto assortimento di salumi e formaggi locali, nazionali, esteri.
Dolci freschi e secchi.
Pasta secca e ripiena. Salse e condimenti classici ed originali.
Piatti pronti di propria produzione.
Si preparano piatti diabetici.

PROFUMERIA FRANCA
Via Lazio 32   06102 Perugia

Tutti i migliori profumi e cosmetici
Shampoo, bagnoschiuma, saponi naturali
sconto di 15% sui profumi esteri

FRUTTA E VERDURA LUCIANO E CLARA
Via della viola 48 • 06122 Perugia • 075 5731643
"Naturale è bello!"
Alimenti biologici, dietetici e macrobiotici coltivati
senza l'utilizzo di pesticidi e sostanze chimiche.
Nel nostro negozio trovate una vasta scelta di frutta e
verdura locali ed esotiche—tutti prodotti naturali.

1. Alle dieci di mattina sono andato/a a _____.

   Ho comprato un/una _____ e un/una

   _____. Ho pagato _____.

2. Alle _____

   _____

   _____

3. Alle _____

   _____

   _____

4. Alle _____

_____

5. Alle _____

_____

G. **Il proverbio nascosto.**   The chart below contains an Italian proverb. To decipher it, cross out the words in the following categories.

Cancellare se la parola descrive

- un mese dell'anno
- una frutta
- una verdura

- un numero
- un modo di pagare
- un tipo di negozio

ananas	chi	ottobre	diciotto	profumeria
ride	ciliegia	venti	cipolle	carta di credito
melanzane	contanti	il	milione	fragola
venerdì	libreria	assegno	luglio	piange
salumeria	lattuga	undici	la	melone
gennaio	banana	domenica	cartoleria	pomodoro

Proverbio: _____

Mangiare: TUTTI A TAVOLA!

Vocabolario e grammatica

A. Guardare il disegno e poi rispondere alle domande con frasi complete. (**Si dice così A**)

1. Chi sono i due giovani turisti? Dove stanno?

   _____

2. Che cosa hanno ordinato?

   _____

3. Che cosa fa il barista?

   _____

4. Chi sono le persone al banco?

   _____

5. Che cosa prendono le persone al banco?

   _____

B. Scrivere la parola o la frase appropriata per ogni definizione. (**Si dice così A**)

1. Dove si siedono i clienti del bar: _____

2. Se non si siede, il cliente sta in piedi (*stands*) al: _____

3. È il primo pasto della giornata: _____

4. Un altro modo di dire *non gasata*: _____

5. Che contiene molto zucchero (*sugar*): _____

6. Una cosa che si beve prima del pasto: _____

7. Caffè espresso con acqua, meno forte: _____

8. Caffè espresso con un po' di latte: _____

C. Scegliere dalla seguente lista una risposta appropriata per ogni situazione, e poi scrivere quello che dici, come nel modello. (**Pronomi complementi oggetto indiretto**)

Esempio   Vedi un'amica.
              Le dico "Ciao!"

| Buon appetito! | Benvenuto/a! | Prego! | ArrivederLa, signora! |
| Buon viaggio! | Crepi! | Scusate il ritardo! | Benone! |

1. Dai un esame e una tua amica ti dice "In bocca al lupo!" _____

2. I tuoi due fratelli partono per un viaggio in Europa. _____

3. Un'amica di tua madre fa una crociera in Grecia. _____

4. Io vengo a casa tua per la prima volta. _____

5. Hai aiutato due amiche e ti dicono "Grazie!" _____

6. Noi ti domandiamo "Come stai?" _____

7. Sei arrivato/a in ritardo per un appuntamento con tre amici. _____

_____

8. Tuo padre comincia a mangiare. _____

D. Completare con i pronomi oggetto diretto e indiretto appropriati. (**Pronomi complementi oggetto indiretto**)

1. Tu non puoi telefonar_____ perché io sono via fino a domenica.

2. Hai parlato con tuo padre? Quando _____ hai telefonato?

3. (A Marco) _____ scrivo una lettera ogni mese.

4. (A Carla) _____ preparo con piacere un tiramisù; lo so che _____ piace.

5. "Cameriere, _____ può portare un po' di acqua, per favore? Siamo senza!"

6. "Cameriere, _____ porti del pane, per favore. Non ne ho più."

7. "Scusi, signorina, mia madre vuole dello zucchero. _____ può portarne un po'?"

8. "Scusi, signorina, il mio compagno vuole un po' di ghiaccio. _____ può portare del ghiaccio, per favore?"

E. Sandra descrive quello che ha fatto ieri sera con il suo amico Francesco. Mettere le frasi in ordine logico. (**Si dice così B**)

_____ Abbiamo deciso di prendere un dolce speciale: il tiramisù.

_____ Abbiamo preso anche il caffè.

_____ Abbiamo scelto una tavola con vista sul mare.

_____ Alla fine del pranzo il cameriere ci ha portato due digestivi e il conto.

_____ Come primo piatto ho preso spaghetti alle vongole e Francesco ha ordinato un risotto con frutti di mare.

_____ Prima abbiamo mangiato un antipasto misto.

_____ Sono andata ad un ristorante con Francesco ieri sera.

_____ Per il secondo piatto abbiamo mangiato pesce con un contorno di verdure fresche.

F. Sottolineare (*Underline*) la frase che corrisponde a quella in corsivo. (**I pronomi doppi**)

1. *La nonna ha mandato i soldi per voi.*

   Ve li ha mandato. / Lo ve ha mandato. / Ve li ha mandati.

2. *Sandra mi ha parlato del problema.*

   Me ne ha parlato. / Me lo ha parlato. / Ha parlatomelo.

3. *Ho offerto un caffè ai colleghi.*

   Glielo avete offerto. / Glieli ho offerti. / Gliel'ho offerto.

4. *Ti porto subito le tagliatelle.*

   Te le porto subito. / Le te porto subito. / Portotele subito.

5. *Ho fatto la domanda agli amici.*

   Glielo ho fatto. / L'ho fatta loro. / Li ho fatto la.

G. Rispondere alle domande con pronomi doppi, come nell'esempio. (**I pronomi doppi**)

Esempio Mi presti il tuo libro di ricette?
   Sì, te lo presto volentieri.

1. Mi dai la tua ricetta per il risotto? _____

2. Ci prepari le lasagne? _____

3. Le fai la torta per il suo compleanno? _____

4. Mi dai un foglio di carta? _____

5. Ci presti la tua macchina stasera? _____

6. Gli regali una nuova bicicletta? _____

7. Offri il gelato ai bambini? _____

8. Scrivi la lettera a Giovanni? _____

9. Prendi i pomodori per me al mercato? _____

10. Ci porti il caffè? _____

H. Abbinare ogni parola o espressione a destra con una definizione a sinistra. (**Si dice così C**)

1. _____ cotto in acqua bollente   a. brindare
2. _____ con uova, formaggio e prosciutto   b. alla marinara
3. _____ uno che mangia molti dolci   c. sano
4. _____ un altro modo di dire *delizioso*   d. bollito
5. _____ salutare con il vino   e. squisito
6. _____ che fa bene alla salute   f. la minestra
7. _____ in una salsa leggera di pomodori   g. alla carbonara
8. _____ può essere un primo piatto   h. goloso

I. Creare avverbi dagli aggettivi elencati. Poi usare ogni avverbio in una frase originale. (**Gli avverbi**)

Esempio certo
certamente   **Arriviamo certamente domani.**

1. perfetto _____ _____

2. normale _____ _____

3. sicuro _____ _____

4. regolare _____ _____

5. strano _____ _____

6. gentile _____ _____

7. attento _____ _____

8. facile _____ _____

J. Indicare la forma corretta. (***Molto e troppo***)

—Dove vogliamo invitare i tuoi genitori? Da Giulio è una trattoria (molta / molto) buona, ti sembra?

—Buona, sì, ma è (troppo / troppa) costosa. Andiamo invece a quel ristorante con vista sul mare, il Gabbiano. Ci sono stato (molto / molte) volte, e mi è sempre piaciuto.

—Buona idea. Lì preparano (molto / molti) piatti freddi e non c'è mai (troppo / troppa) gente.

—E i vini locali sono anche (molto / molti) buoni.

—Va bene, ma attenzione al vino. Non mi piace quando voi bevete (troppo / troppi).

K. Completare i tre seguenti mini-dialoghi con la forma corretta di **conoscere** o **sapere**. (***Conoscere e sapere***)

1. —Vuoi _____ come preparare un buon pesto?

—Ma lo _____ già! Basta pestare il basilico nel mortaio di marmo!

—Ma tu, come lo _____?

—Mia nonna è di Genova e _____ tutti i segreti della cucina ligure.

2. —Io _____ una persona famosa ieri. Vuoi

_____ chi è?

—Certo che lo voglio _____.

—Milly Carlucci!

—Milly chi? Non la _____.

—Ma tutti la _____! È una presentatrice della televisione!

3. —Dove andate per le vacanze quest'anno?

—Non lo _____ ancora. Forse andiamo a Londra.

—Tu _____ già Londra?

—Certo! Infatti, _____ lì mia moglie, dieci anni fa.

L. Fare un cerchio intorno alla parola intrusa e poi scrivere perché non va con le altre parole. (**Si dice così D**)

1. pepe / ricetta / sale / peperoncino

   _____

2. forno / cucchiaio / forchetta / coltello

   _____

3. piatto / tovagliolo / vassoio / aglio

   _____

4. bicchiere / pentola / aceto / tazza

   _____

5. A tavola! / In bocca al lupo! / Altrettanto! / Buon appetito!

   _____

6. insegnare / bollire / cuocere / friggere

   _____

M. Ecco le regole per una casa dello studente severa (*strict*). Riscrivere le frasi usando il *si* **impersonale,** come nel modello. (**Si impersonale e si passivante**)

   Esempio   È vietato fumare.
            Non si fuma.

1. È vietato ascoltare la musica dopo cena. _____

2. È vietato bere gli alcolici. _____

3. È vietato dire le parole cattive. _____

4. È vietato fare telefonate dopo le dieci. _____

5. È vietato ricevere ospiti senza permesso. _____

6. È vietato aprire le finestre. _____

7. È vietato usare la cucina. _____

N. Parlare di costumi italiani e americani usando il *si* **impersonale,** come nel modello. (**Si impersonale**)

1. Che cosa si prende in un bar americano? E in un bar italiano? _____

   _____

   _____

2. Che cosa si mangia per la prima colazione negli Stati Uniti? E in Italia? _____

   _____

   _____

3. A che ora si mangia il pasto più grande in Italia? E in America? _____

   _____

   _____

4. Che cosa si mangia per la cena in Italia? E negli Stati Uniti? _____

_____

_____

5. Che cosa si beve con il pranzo in America? E in Italia? _____

_____

_____

6. Quali sono tre ingredienti che si usano più spesso in Italia che in America? E che si usano
di più in America? _____

_____

_____

O. Riformulare le seguenti frasi usando il **si passivante,** secondo il modello. (**Si passivante**)

    Esempio   In classe l'italiano è parlato.
                In classe si parla l'italiano.

1. Molti stereotipi sono creduti.

_____

2. L'immagine degli Italiani e quella degli Italo-americani sono confuse.

_____

3. Le tradizioni sono state mantenute facendo le sagre.

_____

4. Molte generalizzazioni sono fatte quando una cultura non è conosciuta bene.

_____

5. Il dialetto è parlato poco negli Stati Uniti.

_____

6. Molti pregiudizi sono stati combattuti durante gli anni.

_____

P. Rispondere alle seguenti domande con frasi complete, usando il **si passivante,** secondo
l'esempio. (**Si passivante**)

    Esempio   Che cosa si mangia stasera?
                Si mangia una pizza.

1. Dove si compra il giornale?

_____

2. Dove si cambiano i soldi?

_____

3. Che cosa si prenota all'agenzia di viaggio?

_____

4. Perché si studia l'italiano?

_____

5. Si possono portare i cani sull'autobus?

   _____

6. Si parlano molte lingue straniere in Europa?

   _____

7. Si studiano molte materie all'università?

   _____

8. Cosa si deve fare quando si va all'estero?

   _____

Pratica comunicativa

A. **La risposta sbagliata.** Quale delle risposte *non* va con la frase corrispondente?

1. Quanto tempo ci vuole per arrivare a La Spezia?
   a. Ancora mezz'ora.
   b. Sono le tre e mezzo.
   c. Ci vogliono tre ore.

2. E il mio cornetto, l'hai preso?
   a. Scusami, Giacomo! Me lo sono dimenticato.
   b. Sì, eccolo.
   c. Non gliele ho comprate.

3. Stasera abbiamo dell'ottimo pesce, fresco dal mare.
   a. Bene! Non sopporto il pesce.
   b. Ottimo! Adoro il pesce.
   c. Benissimo, mi piace tanto il pesce.

4. Non hai finito i tuoi spaghetti!
   a. Non ce la faccio più!
   b. Ho l'acquolina in bocca!
   c. Ho già mangiato troppo!

5. Mamma, mi puoi mandare la tua ricetta per le tagliatelle?
   a. Non dimenticare di buttare la pasta.
   b. Certo, te la mando domani.
   c. Non so dove l'ho messa. Comunque te la cerco.

6. Che ne dici di prendere qualcosa di freddo?
   a. Va bene. Prendo un'acqua gasata.
   b. Ottima idea! Fa caldo davvero!
   c. Hai ragione! Fa un freddo cane!

B. **Il menù confusionario.** Il proprietario del ristorante Da Giorgio era molto confuso quando ha scritto il menù per oggi: ha messo tutti i piatti in categorie sbagliate! Ricostruire il menù giusto, scrivendo i vari piatti nei posti appropriati.

Ristorante Da Giorgio
I piatti del giorno

Antipasti
Broccoli al burro
Vitello tonnato
Lasagne al forno
Bistecca alla fiorentina

Secondi piatti
Bruschetta
Insalata mista
Minestrone "alla nonna"
Risotto ai funghi del bosco

Primi piatti
Calamari sott'olio
Patate lesse con erbe
Antipasto misto
Spinaci

Contorni
Pescespada con capperi
Prosciutto crudo di Parma
Petto di pollo alla griglia
Spaghetti alla carbonara

Ristorante Da Giorgio
I piatti del giorno

Antipasti
_____
_____
_____
_____

Secondi piatti
_____
_____
_____
_____

Primi piatti
_____
_____
_____
_____

Contorni
_____
_____
_____
_____

C. Da Giorgio. Tu ed un amico/un'amica andate a mangiare nel ristorante Da Giorgio (di Attività B). Scrivere come rispondete al cameriere.

CAMERIERE   Buona sera, signori. In quanti siete stasera?

VOI   _____

CAMERIERE   Benissimo. C'è una tavola libera vicino alla finestra. Vi va bene?

VOI   _____

CAMERIERE   Volete ordinare un antipasto?

TU   _____

AMICO/A   _____

CAMERIERE   Che cosa desiderate per il primo piatto?

TU   _____

AMICO/A   _____

CAMERIERE   E per il secondo?

TU   _____

AMICO/A   _____

CAMERIERE   Da bere?

VOI   _____

CAMERIERE   Ottimo. Vi porto subito l'antipasto.

D. Un ristorante orrendo. Descrivere un ristorante che non ti piace per niente. Come si chiama? Dov'è? Che tipo di cibo servono? Perché non ti piace? Descrivere l'ultima volta che ci sei andato/a. Che cosa hai mangiato?

_____

_____

_____

_____

_____

_____

_____

E. I buongustai. Tu ed un amico/un'amica adorate mangiare bene, e avete deciso di fare un giro gastronomico dell'Italia. Raccontare tutto quello che avete mangiato un giorno a Genova. Scrivere anche se vi è piaciuto quello che avete mangiato / bevuto.

La mattina abbiamo fatto colazione (*had breakfast*) ad un caffè. Abbiamo preso

_____, _____ e

_____. Ho speso _____

_____.

A mezzogiorno siamo andati/e a _____

_____

_____

_____

La sera abbiamo voluto mangiare una cosa più leggera (*light*). Siamo andati/e a _____

_____

_____

_____

Buongiorno, Signor Marzola. Che bel posto!
Grazie. Sono il proprietario di questa trattoria. Le piace questa vista sul mare?

È stupenda. Ci può parlare del Suo mestiere?
Qui a Portovenere la trattoria Da Luigi è molto conosciuta. Luigi era il nome di mio padre. Era un cuoco molto bravo. Adesso sono io a dirigere il locale, mentre mia moglie è capo-cuoca in cucina.

Chi decide il menù allora?
Lo decidiamo insieme, naturalmente!

Cosa fa Lei in un giorno tipico?
Al mattino io vado presto a comprare il pesce dai pescatori. Devo avere sempre il pesce migliore per i miei clienti. Intanto° in cucina mia moglie prepara il suo famoso pesto, come si faceva una volta: pesta° le foglie di basilico nel mortaio di marmo,° insieme ai pinoli, all'olio, all'aglio.

Meanwhile
grind
marble mortar

Servite solo la cucina locale, quella ligure?
Sì, perché c'è una varietà enorme di piatti. I piatti freddi come la cima alla genovese° piacciono molto d'estate quando fa caldo. Devo dire che le specialità della casa sono il risotto ai frutti di mare e il fritto misto.

stuffed veal

Chi sono i vostri clienti abituali? Portovenere è molto piccolo.
La gente viene anche da lontano per mangiare bene! Ci sono tanti turisti qui, ma spesso vengono anche da Milano per pranzo! Poi, davanti a questo spettacolo romantico del mare... Si capisce... Trovo sempre un tavolo libero per tutti!

F. Rispondere con una frase completa.

1. Come si chiama la trattoria? Perché?

   _____

2. Luciano lavora con la moglie; come dividono il lavoro?

   _____

3. Dove va Luciano al mattino presto? Cosa fa sua moglie intanto?

   _____

4. Quali piatti piacciono molto d'estate? Perché?

   _____

5. Quali sono le specialità della casa?

   _____

6. Chi viene a mangiare in questo ristorante—solo gli abitanti di Portovenere?

   _____

G. Al Cantuccio. Leggere attentamente le informazioni riguardanti (*concerning*) il ristorante Il Cantuccio e poi rispondere alle domande con frasi complete.

IL CANTUCCIO
RISTORANTE TRATTORIA

Descrizione: Gestione familiare.
La cucina è nelle mani del cuoco Andrea Milesi, con più di 15 anni di esperienza, mentre la sala è affidata ad Alessandra, Lara e Marco Milesi, che accolgono i propri clienti in un'atmosfera allegra e al tempo stesso riservata. Il ristorante, situato nel caratteristico centro storico della città di Savona, a pochi metri dal Duomo e dallo splendido porto turistico, può contenere al suo interno fino 32 persone. Altri 20 coperti sono garantiti nel dehor durante la stagione estiva.

Informazioni generali:

Capienza: 32 coperti sala interna; 20 nel dehor estivo

Inizio attività: 1990

Giorno di chiusura: domenica

Orario: dalle 12.00 alle 14.30 - dalle 19.00 alle 24.00

Spazio riservato ai fumatori.

Specialità: Pasta fresca preparata secondo ricetta tradizionale; dolci tipici savonesi.

Gradita prenotazione.

1. In quale città si trova?

   _____

2. Chi lavora al ristorante? Che compiti (*tasks*) fanno?

   _____

3. Quante persone al massimo possono mangiare nella sala interna?

   _____

4. Quali sono gli orari del ristorante? Quale giorno della settimana è chiuso?

   _____

5. Quali sono le specialità del ristorante Il Cantuccio?

   _____

6. Si può fumare dentro il ristorante?

   _____

7. Ti interessa pranzare a Il Cantuccio? Perché?

   _____

H. **Il messaggio segreto.** Prima scrivere le parole appropriate vicino ad ogni definizione. Poi trovare le stesse parole nello schema qui sotto e cancellarle. Le lettere rimaste ti danno un'utile frase italiana. Le parole sono disposte orizzontalmente, verticalmente e diagonalmente.

Esempio   Acqua gelata
che mettiamo
nel tè freddo:
g h i a c c i o

```
A  N  I  L  O  U  Q  C  A  B  G
I  S  B  Z  U  L  U  N  G  H  I
C  P  A  C  U  G  I  N  I  O  O
N  U  R  N  L  C  A  A  A  P  T
A  M  I  C  U  O  C  A  R  P  S
M  A  S  C  P  C  N  H  E  E  A
P  N  T  E  I  T  A  S  E  I  P
T  T  A  O  B  U  T  T  A  R  E
B  E  N  E  O  O  S  A  N  N  O
```

Ho una fame da — — — —!

Soldi che diamo a un bravo cameriere: — — — — — —

È molto dolce; lo mettiamo nel caffè: — — — — — — —

Ho fame! Mi viene l'— — — — — — — — — in bocca!

Un vino frizzante, d'Asti, per esempio: — — — — — — — —

Il contrario di **male**: — — — —

Mettere la pasta in acqua bollente: — — — — — — —

La forma "loro" di **sapere**: — — — — —

Basilico, aglio, olio e pinoli: — — — — —

Alla salute della — — — — —!

Una persona che lavora al bar: — — — — — — —

I figli di tua zia: — — — — — —

Stanza dove si prepara il cibo: — — — — — —

"Franca vuole dormire: è molto — — — — — —!"

Un frutto giallo o verde a forma oblunga: — — — —

Il contrario di **brevi, corti**: — — — — — —

La prima colazione, il pranzo o la cena: — — — — —

Il messaggio segreto è: _____

UNITÀ 6

Rilassarsi: COSA FACCIAMO DI BELLO?

Vocabolario e grammatica

A. Scrivere una parola appropriata per ogni definizione. (**Si dice così A**)

1. Un'altra parola per **collezione**: _____

2. Il contrario di **stressante**: _____

3. Riprodurre a matita su carta un oggetto: _____

4. Un gioco antico con trentadue pezzi: _____

5. Si mandano agli amici quando si viaggia: _____

6. Raccogliere: _____

7. Uno strumento musicale con sei corde: _____

8. Luogo in cui si ammirano opere d'arte: _____

B. Rispondere alle domande con frasi complete. (**Si dice così A**)

1. Hai un hobby o un passatempo? Quale?

_____

2. Hai mai collezionato qualcosa? Che cosa? Lo fai ancora?

_____

3. Vai spesso alle mostre? Che tipo di mostra ti interessa di più?

_____

4. Sai suonare il pianoforte o la chitarra? Quando hai imparato?

_____

5. Sei un tipo creativo? Ti piace disegnare o dipingere? O forse ti piace ammirare quadri antichi?

_____

6. Che cosa è rilassante per te? E stressante?

_____

C. Scrivere quello che le persone indicate facevano ieri sera. (**L'imperfetto**)

Esempio noi / cantare / mia sorella / suonare il pianoforte
Noi cantavamo mentre mia sorella suonava il pianoforte.

1. io / guardare la televisione / lei / fare i compiti

   _____

2. mio padre / leggere l'articolo / noi / ascoltare dei CD

   _____

3. voi / preparare la cena / io / bere un aperitivo

   _____

4. noi / essere al lavoro / loro / rimanere a casa

   _____

5. i genitori / aspettare / la loro figlia / essere fuori

   _____

6. noi / giocare a carte / tu / parlare al telefono

   _____

D. Pensare ad un insegnante, maestro o professore che tu avevi a scuola o all'università. Com'era fisicamente questa persona? Che tipo di persona era? Che cosa faceva in classe? Che cosa facevano gli studenti? Ti piaceva o no? Perché? Scrivere almeno otto frasi, usando l'imperfetto per descrivere la persona. (**L'imperfetto**)

   _____

   _____

   _____

   _____

   _____

   _____

   _____

   _____

E. Scrivere il nome dello sport che tu associ con le seguenti cose e persone. (**Si dice così B**)

1. la spiaggia, squadre di sei persone: _____

2. il mare, il vento, la barca: _____

3. la piscina, l'acqua, Michael Phelps: _____

4. il ghiaccio, Michelle Kwan: _____

5. Alberto Tomba, le montagne, la neve: _____

6. la bicicletta, il Giro d'Italia, Lance Armstrong: _____

7. squadre di cinque persone, palla grande, Michael Jordan: _____

F. Descrivere che cosa stanno facendo le persone nel disegno. Scrivere almeno cinque frasi.
(**Si dice così B e il tempo progressivo**)

_____

_____

_____

_____

_____

G. Cambiare le frasi alla costruzione progressiva—presente o passato—come negli esempi.
(**Il tempo progressivo**)

Esempi   Esco in questo momento.
         Sto uscendo in questo momento.

         Dove andavi?
         Dove stavi andando?

1. Buone notizie! Il Verona vince! _____

2. Guardano con entusiasmo la partita. _____

3. Che cosa fai? _____

4. Bevo un'aranciata. _____

5. I giocatori fanno una pausa. _____

6. Noi correvamo alla fermata dell'autobus. _____

7. Che cosa dicevo? _____

8. Ci parlavi della corsa. _____

H. Scrivere sei frasi, descrivendo quello che facevano le persone della prima colonna quando è successo qualcosa dalla seconda colonna. (**L'imperfetto e il passato prossimo**)

Esempio   tu / dormire   io / entrare
Tu dormivi quando io sono entrata.

Ornella / entrare in casa   la radio / annunciare il disastro
Massimo / fare le commissioni   cominciare a piovere
La maestra / correggere gli esami   il postino / venire
Io e la mia amica / giocare a carte   un ladro / prendere il portafoglio
Il cane / correre nel giardino   lo studente / telefonare
Io / fare footing   la sua chiave / cadere

1. _____
2. _____
3. _____
4. _____
5. _____
6. _____

I. I verbi nella seguente descrizione sono tutti al presente. Cambiarli al passato, utilizzando l'imperfetto o il passato prossimo. (**L'imperfetto e il passato prossimo**)

Maria Luisa *prende* va _____ lezioni di violino. Quando

torna va _____ dalla scuola, *deve* va _____

fare gli esercizi di musica per tre ore mentre i suoi compagni di scuola

giocano giocavano _____ fuori. Un giorno Maria Luisa *suona*

suonava _____ davanti ad una finestra aperta, quando

entra è entrato _____ un pallone dalla finestra. Il violino *cade*

e caduto _____ e la palla *rompe* ha rotto _____ il violino

in mille pezzi. Un ragazzo *viene* è venuto _____ alla finestra e *dice*

ha detto _____ a Maria Luisa "Scusami tanto! Ho rovinato il tuo violino!"

Maria Luisa *risponde* ha risposto _____ "Non ti preoccupare! Mi *fai*

ha fatto _____ un grande favore!" E con questo la ragazza *prende*

_____ la palla, *esce* è uscito _____ e

ha *gioca*to _____ con gli altri ragazzi per il resto del pomeriggio.

J. Scrivere le parole ed espressioni dalla lista che completano la descrizione di Cortina.
(**Si dice così C**)

alberi	isola pedonale	boschi	itinerari
sentieri	parco	passeggiare	paesaggio

Nella città di Cortina una parte della città è chiusa al traffico: è

un'_____. È bello _____ lì e

ci sono molti _____ possibili. Chi è più interessato alla natura

può andare fuori città a vedere il bellissimo _____ delle

Dolomiti. Ci sono molti piccoli _____ dove si può camminare

e stare in mezzo agli _____ e i fiori. Non lontano dalla città

c'è un bellissimo _____ nazionale pieno di

_____ da esplorare.

K. Scrivere domande e risposte come nel modello. (**Il futuro**)

Esempio   voi / lavare i piatti
    —**Avete lavato i piatti?**
    —**No, ma li laveremo domani.**

1. tu / scrivere la lettera

   _____

   _____

2. Marco / fare i compiti

   _____

   _____

3. gli studenti / vedere il film

   _____

   _____

4. voi / pagare il conto

   _____

   _____

5. Grazia / andare in pasticceria

   _____

   _____

6. io / vincere la gara

   _____

   _____

L. Rispondere alle domande con frasi complete. (**Il futuro**)

1. Che cosa farai quando avrai finito i compiti? E poi?

   _____

   _____

2. Praticherai qualche sport questo fine settimana? Quale? Farai un po' di ginnastica?

   _____

   _____

3. Sabato prossimo uscirai con gli amici? Cosa farete?

   _____

   _____

4. Dove abiterai durante l'estate prossima? Dovrai lavorare?

   _____

   _____

5. Durante l'estate, avrai l'opportunità di parlare italiano? Con chi?

   _____

   _____

6. In quale anno finirai l'università? Che cosa farai dopo?

   _____

   _____

M. Quest'estate passerai una settimana in montagna e una settimana al mare. Indicare se vedrai i seguenti oggetti al mare o in montagna (o forse tutti e due). (**Si dice così D**)

   Esempio   la sedia a sdraio
                La vedrò al mare.

1. le onde _____

2. la sabbia _____

3. la funivia _____

4. un ombrellone _____

5. un bagnino _____

6. un rifugio _____

7. un campeggio _____

8. una valle _____

N. Descrivere quello che c'è nei due disegni, scrivendo almeno quattro frasi complete per ogni disegno. (**Si dice così D**)

_____   _____

_____   _____

_____   _____

_____   _____

_____   _____

_____   _____

O. Completare le frasi con un pronome tonico opportuno. (**I pronomi tonici**)

1. È vero che voi andate al mare? Posso venire con _____?

2. Parlavi a _____? Scusa, non ho sentito.

3. Paolo conosce bene il calcio e secondo _____ l'Inter perderà.

4. Tu vai sulle Dolomiti per una settimana? Beata _____!

5. Ciao, Angela e Bruno! Come vanno le cose da _____?

6. Ma Ornella, tu sai bene che quella ragazza non significa niente per _____.

   Io amo _____, non _____!

Pratica comunicativa

A. Come rispondere? Scrivere la lettera della risposta a destra per ogni domanda a sinistra.

1. _____ Che barba gli scacchi! Ma dici sul serio... ti piace questo gioco?

2. _____ Che disastro questa partita. La nostra squadra fa pena. Andiamo?

3. _____ Ma nonna, veramente si faceva la pesca nelle acque di Venezia?

4. _____ Mi dispiace che il tempo non è bello per le tue vacanze. Che tempo fa ora?

5. _____ Paola, ho conosciuto un sacco di gente simpatica qui al mare!

6. _____ Secondo me, farà cattivo tempo domani. Dovremo cancellare la gita in montagna?

a. Beata te! Qui non c'è nessuno di interessante!

b. D'accordo. Non ne posso più!

c. Non si sa mai. Forse farà bello.

d. Sì, cara, ma erano altri tempi.

e. Sì, lo trovo affascinante.

f. Sta piovendo, tanto per cambiare.

B. Viva il ciclismo! Sei un giornalista per *La gazzetta sportiva* e hai dovuto intervistare una famosa ciclista. Ecco le domande che le hai fatto. Immaginare che cosa ha risposto la ciclista.

TU Quanti anni aveva quando ha imparato ad andare in bicicletta?

LA CICLISTA _____

_____

TU Chi Le ha insegnato?

LA CICLISTA _____

_____

TU Dove preferisce andare in bicicletta? In montagna o in pianura?

LA CICLISTA _____

_____

TU Quale stagione preferisce per le corse? Perché?

LA CICLISTA _____

_____

TU Qual è la Sua marca preferita di bicicletta?

LA CICLISTA _____

_____

TU È difficile per Lei, essere una donna in uno sport finora (*until now*) dominato dagli uomini?

LA CICLISTA _____

_____

TU	A che cosa pensa quando partecipa alle corse a lunga distanza?
LA CICLISTA	_____
	_____

TU	Quali sono i problemi per i ciclisti?
LA CICLISTA	_____
	_____

C. Il lontano passato.   Descrivere com'era la tua vita al liceo o alla high school. Che cosa facevi? Scrivere almeno due frasi per ogni categoria.

vita sociale _____

_____

passatempi (*hobbies*) _____

_____

amici _____

_____

sport _____

_____

classi _____

_____

D. Perché è lì!   La rivista *Avventura* ha pubblicato recentemente un articolo su un'escursione verso la cima del difficilissimo Monte Peperoni. Guardare le fotografie dell'escursione e poi descrivere i personaggi e quello che hanno fatto. Usare i tempi passati.

1. 2.

_____   _____

_____   _____

_____   _____

_____   _____

_____   _____

3.

4.

_____   _____

_____   _____

_____   _____

_____   _____

_____   _____

_____   _____

E. Le prossime vacanze.   Usando il futuro dove appropriato, descrivere la prossima vacanza che farai. Quando sarà? Che cosa farai? Dove andrai? Con chi? Quali oggetti porterai con te?

_____

_____

_____

_____

_____

_____

_____

_____

_____

_____

_____

_____

_____

F. **I risultati della partita.** Ieri era domenica e tutte le squadre della serie A del pallone hanno giocato. Ecco i risultati di una partita fra la squadra di Vicenza e quella di Parma con la classifica di tutte le squadre di serie A. Rispondere alle domande con frasi complete con informazioni dall'articolo.

Domina e spreca tanto il Vicenza e al Parma basta un tiro per vincere

STEFANO GIRLANDA
da **Vicenza**

Vicenza-Parma: un tiro, tre punti ma non per i padroni di casa, che di tiri ne avevano fatti millanta, bensì per gli ospiti. E che tiro quello di Di Vaio al 35' della ripresa, paragonabile dal punto di vista emozionale alla bomba per il cui disinnesco Vicenza si prepara ad evacuare in massa e per la quale la partita è stata anticipata da oggi, domenica, a ieri, sabato. Con un esplosivo controbalzo Di Vaio ha fulminato Sterchele, annichilito lo stadio Menti e fatto cadere i tifosi nei più foschi pensieri. Finisce così, con uno 0-1 di dubbio merito la sfida tra chi lotta per la salvezza e chi per la Champions league.

Non è stata una vittoria meritatissima quella del Parma dell'ex Ulivieri che ha annaspato sotto gli occhi di un sorridente Arrigo Sacchi; un tiro nello specchio della porta in tutta la partita non può che mortificare un Vicenza che ha creato di più, che ha tenuto sotto pressione i ducali, che ha sfiorato le marcature in sei-sette circostanze (onore a Buffon). Il Parma ha sofferto sino all'ora di gioco circa. Quando l'inserimento di Mboma al posto dell'evanescente Amoroso ha dato i suoi frutti e i biancorossi si sono fatti più guardinghi. Ma ciò non è bastato: all'80' Sensini da centrocampo pescava Di Vaio al limite dell'area, Tomas falliva l'intervento e l'attaccante parmense firmata senza pietà lo zero a uno. E poi tutti a casa, neri, per il calcio e per la bomba, quella vera.

VICENZA	0
PARMA	1

Marcatore.
35' st Di Vaio
Vicenza: Sterchele 6, Cardone 6, Zanchi 6,5, Tomas 5, Sommese 6 (30' st Comotto sv), Firmani 6, Bernardini 5,5, Zauli 5,5 (45' st Esposito sv), Beghetto 6,5 (39' st Jeda sv), Toni 5,5, Kallon 6.
ALLENATORE: Reja 6
Parma: Buffon 7, Thuram 6,5, Sensini 6,5, F. Cannavaro 6, Fuser 6 (40' st Benarrivo sv), Lamouchi 6, Almeyda 6,5, Junior 5,5, Micoud 5,5, Di Vaio 6,5, Amoroso 5 (12' st Mboma 6).
ALLENATORE: Ulivieri 6
ARBITRO: Treossi 6,5
AMMONITI: Almeyda, Firmani, Thuram.
SPETTATORI: paganti 2.551 per un incasso di 42.577 euro; abbonati 11.746 per una quota partita di 209.770 euro.

GLI ANTICIPI DI SERIE A

Le partite di ieri

Reggina - Napoli	3	1
Vicenza - Parma	0	1

La classifica

Roma	62
Juventus	56
Lazio	55
Parma	47
Atalanta	41
Milan	41
Inter	41
Bologna	39
Fiorentina	36
Perugia	33
Udinese	32
Lecce	30
Brescia	29
Vicenza	28
Napoli	28
Reggina	26
Verona	24
Bari	19

ANSA-CENTIMETRI

1. Qual è stato il punteggio finale della partita? Chi ha vinto?

_____

2. Chi ha segnato l'unico gol della partita?

_____

3. Come si chiamano gli allenatori delle due squadre? E l'arbitro?

_____

_____

4. Quanti spettatori hanno comprato biglietti per la partita? E quanti spettatori avevano l'abbonamento (*season tickets*)?

_____

_____

5. Fra i giocatori, ci sono nomi che non sembrano italiani? Quali? Per quale squadra hanno giocato?

_____

_____

6. Quale squadra è nel primo posto della serie A? E quale squadra è nell'ultimo posto? Come va il Modena?

_____

_____

G. Il gioco della gondola. Scrivere verticalmente nello schema le parole definite. Se hai completato correttamente lo schema, leggerai nello spazio indicato il nome di un luogo famoso a Venezia.

1. La forma "lei" del verbo **sapere** nel futuro

2. Un famoso posto per sciare sulle Dolomiti; _____ d'Ampezzo

3. Un gioco con due re, due regine e ventotto altri pezzi

4. Un importante periodico sportivo: _____ **dello sport**

5. Il numero che significa **niente**

6. Una città veneta con la sigla PD

7. Il contrario di **sinistra**

8. Dove si può vedere una partita di calcio

9. Un periodo di dodici mesi

10. W Inter, M _____!

11. Lo sport più popolare in Italia

12. Il contrario di **vincere**

13. Aiuta a vedere le cose lontane

14. La forma "io" del verbo **fare** nell'imperfetto

UNITÀ 7

Vestirsi: VESTIAMOCI ALLA MODA!

Vocabolario e grammatica

A. Scrivere la parte del corpo che corrisponde ad ogni numero del disegno. Scrivere anche l'articolo determinativo. (**Si dice così A**)

1. _____   9. _____
2. _____   10. _____
3. _____   11. _____
4. _____   12. _____
5. _____   13. _____
6. _____   14. _____
7. _____   15. _____
8. _____

B. Scrivere una parola o una frase appropriata per ogni definizione. (**Si dice così A**)

1. Usare Colgate o Crest: _____

2. Usare un termometro: _____

3. Non stare bene: _____

4. La malattia più comune e inevitabile: _____

5. Il contrario di **vestirsi**: _____

6. Normalmente ce ne sono cinque in una mano: _____

7. Mettere in ordine i capelli: _____

C. Creare frasi utilizzando le parole date e la forma corretta dei verbi riflessivi.
(**I verbi riflessivi**)

Esempio   i ragazzi / alzarsi / presto
   I ragazzi si alzano presto.

1. la nonna / annoiarsi / a casa da sola _____

_____

2. gli studenti / lamentarsi / del cibo alla mensa _____

_____

3. noi / sedersi / vicino alla finestra _____

_____

4. Anna / truccarsi / mentre Pino / vestirsi _____

_____

5. come / chiamarsi (tu)? _____

_____

6. tu e Mario / preoccuparsi / per niente! _____

_____

7. noi / non arrabbiarsi / facilmente _____

_____

8. tutti / divertirsi / nella classe d'italiano _____

_____

D. Riscrivere il brano nel passato prossimo. (**I verbi riflessivi**)

Alcuni amici invitano Anna e Pino a cena. Quando tornano dal lavoro, si preparano per uscire di nuovo. Anna si veste con cura: si mette un nuovo vestito, si pettina, si trucca e si guarda allo specchio—perfetta! Anche Pino si cambia, si rade di nuovo e si lava i denti. Quando escono, Anna si sente male e la coppia decide di stare a casa.

_____

_____

_____

_____

_____

_____

_____

E. Scrivere una frase conclusiva usando i verbi reciproci. (**I verbi reciproci**)

> *Esempio* Io vedo te e tu vedi me:
> **Noi ci vediamo.**

1. Io telefono spesso a Giorgio e Giorgio telefona spesso a me:

   _____

2. Anna si è innamorata di Luigi e Luigi si è innamorato di Anna:

   _____

3. I cani odiano i gatti e i gatti odiano i cani:

   _____

4. Tu hai aiutato tua sorella e lei ha aiutato te:

   _____

5. Io conosco Giulio da anni e lui conosce me da anni:

   _____

6. Dove incontri Valeria? Dove ti incontra Valeria?:

   _____

7. Giulietta ha sposato Romeo e Romeo ha sposato Giulietta:

   _____

F. Descrivere i vestiti che le persone nel disegno indossano. Scrivere almeno tre frasi complete per ogni persona. (**Si dice così B**)

1.
2.
3.

1. Marcella porta _____

   _____

   _____

2. La signora Patrizia indossa _____

   _____

   _____

3. Luca si è messo _____

   _____

   _____

G. Completare le frasi comparative con la forma corretta di una parola appropriata (**di, che, più, meno, tanto, come,** ecc.). (**Il comparativo**)

1. Compro più vestiti sportivi _____ vestiti eleganti.

2. Gli stilisti italiani sono così famosi _____ quelli francesi.

3. I tortellini mi piacciono più _____ spaghetti.

4. Il soggiorno è più grande _____ sala da pranzo.

5. In genere, il vino rosso è _____ forte del vino bianco.

6. La mia casa è così grande _____ la tua.

7. Laura è _____ alta di suo marito.

8. Marina veste tanto elegante _____ Gabriella.

H. Scrivere frasi confrontando le due cose, come nel modello. (**Il comparativo**)

Esempio   due lingue
        **L'italiano è più elegante dello spagnolo. / Ci sono più verbi
        irregolari in inglese che in italiano.**

1. due persone che tu conosci

   _____

2. due materie all'università

   _____

3. due università

   _____

4. due programmi televisivi

   _____

5. due lingue

   _____

6. due città

   _____

7. due squadre sportive

   _____

8. due animali

   _____

I. Creare delle frasi usando il superlativo assoluto e relativo, come nel modello. (**Il superlativo**)

Esempio Elena / bravo / la classe
Elena è bravissima: è la più brava della classe.

1. Paolo e Gino / intelligente / la scuola

_____

_____

2. questa chiesa / antico / la città

_____

_____

3. Fabio / veloce / la nostra squadra

_____

_____

4. quelle camicette / costoso / il negozio

_____

_____

5. Donatella / elegante / le mie amiche

_____

_____

6. questo negozio / buono / via Montenapoleone

_____

_____

J. Completare ogni frase con una parola appropriata. (**Si dice così C**)

1. La seta, il cotone e il lino sono _____.

2. Trovare due cose che vanno bene insieme si dice _____.

3. Un altro modo per dire **comprare vestiti** è _____.

4. Una cravatta di un solo colore è in _____.

5. Un oggetto elegante e costoso è _____.

6. Un'altra parola per **pelle** è _____.

7. I clienti del negozio si provano i vestiti nel _____.

8. Alla fine della stagione, quando i prezzi sono ridotti, è il momento dei

_____.

K. Completare il brano con la forma corretta del verbo nel condizionale. (**Il condizionale**)

Per me e i miei amici è sempre difficile decidere dove andare il fine settimana. Matteo

(andare) _____ in discoteca ogni sera e (ballare)

_____ fino alla mattina. Io odio ballare, e (preferire)

_____ andare a teatro e vedere qualche pezzo interessante.

Dopo, noi (fermarsi) _____ ad un caffè dove (discutere)

_____ il significato del dramma per ore. Fabrizio e Gina

amano i ristoranti, e loro (mangiare) _____ sempre in

qualche osteria di moda dove noi (dovere) _____ pagare

un sacco di soldi per un semplice antipasto. Costanza, invece, è molto casalinga

e lei (stare) _____ volentieri a casa e (giocare)

_____ a carte o a scacchi. Alla fine, forse (essere)

_____ meglio non uscire insieme!

L. Scrivere otto frasi combinando elementi dalle tre colonne per esprimere quello che farebbero le persone indicate se avessero (*if they had*) il tempo. Mettere i verbi nel condizionale. (**Il condizionale**)

Io e le mie sorelle	fare	fare visita ai vecchi amici
La signora Magrini	andare	una montagna
Alberto e Mario	volere	più sport
Voi	leggere	lezioni di pianoforte
Io	potere	una vita più tranquilla
Barbara	prendere	in campagna
Tu	studiare	romanzi interessanti
Gli studenti	scalare	una lingua straniera
	avere	viaggiare di più

1. _____

2. _____

3. _____

4. _____

5. _____

6. _____

7. _____

8. _____

M. Completare il seguente dialogo con parole dalla lista. (**Si dice così D**)

a mano   seguire   slanciate   stilista
guanti   dimagrire   gioielli

GIULIO   Gabriella, guarda questa pubblicità per la tua _____ preferita.
            Roba da matti! Guarda come sono _____ le modelle.

GABRIELLA   Infatti, se voglio indossare questi abiti, dovrei _____
            un po'. Ti piacciono questi modelli?

GIULIO   No, per me sono strani.

GABRIELLA   Sì, ma i _____ sono simpatici, specialmente questi
            orecchini. Sembrano fatti _____.

GIULIO   Sì, ma è assurdo abbinare i _____ con un costume da bagno.

GABRIELLA   Certo che per _____ la moda bisogna essere un po' strani!

N. Scrivere i comandi che esprimono le seguenti persone. (**L'imperativo**)

1. Una madre dice ai suoi tre figli di
   a. pulire le loro camere: _____
   b. non fare rumore: _____
   c. essere buoni: _____
   d. ?: _____

2. Un barbiere dice ad un cliente di
   a. venire con lui: _____
   b. sedersi nella poltrona: _____
   c. dirgli come vuole i capelli: _____
   d. ?: _____

3. Una ragazza dice al fidanzato di
   a. non dimenticare il suo compleanno: _____
   b. comprarle un bel regalo: _____
   c. andare al negozio più elegante della città: _____
   d. ?: _____

O. Sostituire pronomi per gli oggetti diretti e indiretti come nei modelli. (**L'imperativo**)

Esempi   Signora, mi dica il problema.   **Me lo dica!**
              Carlo, compra il giornale.   **Compralo!**

1. Roberto, mangia l'insalata. _____

2. Luisa, mettiti le scarpe bianche. _____

3. Ragazzi, datemi del pane. _____

4. Dottore, vada all'ospedale subito. _____

5. Signorina, mi dia lo scontrino. _____

6. Giacomo, non andare a quella festa. _____

7. Flavia, da' la matita alla tua amica. _____

8. Studenti, non dimenticate i compiti. _____

Pratica comunicativa

A. Alzati, Giacomino! Le seguenti frasi descrivono una tipica mattinata nella vita di Giacomino. Metterle nell'ordine giusto.

_____ Esce dal portone del suo palazzo e vede che sta piovendo. Che barba!

_____ Esce dal suo appartamento e scende le scale.

_____ Giacomino si alza finalmente dal letto.

_____ Decide di tornare a casa: si riaddormenta subito.

_____ Il caffè è pronto! Giacomino lo beve mentre guarda il giornale.

_____ La sveglia (_alarm clock_) suona, ma Giacomino non si sveglia.

_____ Si toglie il pigiama e fa il bagno.

_____ Si veste rapidamente: si mette una maglietta e un vecchio paio di jeans.

_____ Ancora in pigiama, va in cucina e comincia a preparare il caffè.

B. Una visita dal medico. Sei un medico che visita due pazienti diversi: Silvana, una ragazza di dodici anni, e Ettore Zinnato, un signore di quarantacinque anni. Scrivere quello che tu gli dici.

MEDICO	Ciao, Silvana. _____?
SILVANA	Sto abbastanza bene, dottore, e Lei?
MEDICO	_____?
SILVANA	La mamma mi ha portato qui perché ho un raffreddore.
MEDICO	_____?
SILVANA	Sì, e mi fa male anche la gola.
MEDICO	_____?
SILVANA	Grazie, dottore, lo farò. ArrivederLa!

***

MEDICO	Buongiorno, signor Zinnato. _____
SIG. ZINNATO	Dottore, non mi sento bene da due mesi.
MEDICO	_____?
SIG. ZINNATO	Ho mal di stomaco e mi sento molto stressato.
MEDICO	_____?
SIG. ZINNATO	Mangio le cose normali: pasta, carne, pizza, lasagne, dolci, gelato...
MEDICO	_____
SIG. ZINNATO	Va bene, lo farò.
MEDICO	_____?
SIG. ZINNATO	Sì, due pacchetti al giorno.
MEDICO	_____
SIG. ZINNATO	D'accordo, ma non è facile smettere (_to quit_) alla mia età.

C. **Sei onesto/a o no?** Rispondere al seguente questionario, pubblicato recentemente su un giornale per indagare sull'onestà della gente di oggi. Scrivere almeno due frasi per ogni situazione.

1. In un grande magazzino, trovi per terra un portafoglio con dentro 200 euro. Che cosa faresti?

   _____

   _____

2. Quando il tuo professore/la tua professoressa di chimica ha calcolato il tuo voto, ha fatto un errore: invece della C–, che dovevi prendere, ti ha dato una A. Invece una tua compagna, che si meritava (*deserved*) l'A, ha preso la tua C–. Cosa faresti?

   _____

   _____

3. Al cinema, incontri la fidanzata del tuo migliore amico con un altro ragazzo. Che cosa faresti?

   _____

   _____

4. Tu ed un'amica siete in un negozio di abbigliamento. L'amica si sta provando vestiti che le stanno male: minigonne, magliette strette (*tight*) e colori poco eleganti. Ti chiede continuamente: mi sta bene? Come risponderesti? Le diresti la verità?

   _____

   _____

Ritratto
Cristina Brambilla

Buongiorno, Signora Brambilla. Questo bel negozio è di Sua proprietà?
Sì, io sono la proprietaria del negozio L'Eleganza, una boutique di vestiti femminili in Via Manzoni a Milano.

Quando ha cominciato questa attività?
Ho aperto il negozio negli anni '80 quando la moda italiana era in pieno boom. Infatti, le donne compravano e spendevano moltissimo; volevano solo abiti firmati.

E i gusti sono cambiati oggi?
No, non direi questo. Oggi invece, le donne stanno più attente al prezzo e alla qualità. Spesso aspettano i saldi per fare i loro acquisti.

Quali sono le qualità necessarie per un lavoro come il Suo?
Prima di aprire la mia boutique, ho lavorato quindici anni come commessa° in un   *sales clerk*
negozio di moda del centro. So come deve essere una brava commessa: graziosa di aspetto, gentile e deve capire subito il gusto e lo stile della cliente.

Ha fatto degli studi particolari per prepararsi a questa carriera?
Quando ero commessa io, le clienti erano soprattutto donne straniere, così ho studiato l'inglese e il francese. A volte uomini in viaggio di lavoro—giapponesi, americani, tedeschi—mi chiedevano di scegliere un vestito di uno stilista italiano, o una borsa o una camicetta Made in Italy, come regalo per la moglie. Era difficile scegliere, ma alla fine il cliente non usciva mai dal negozio a mani vuote!

D. Rispondere alle seguenti domande.

1. Che lavoro fa Cristina Brambilla? Da quanto tempo?

   _____

2. Come sono i gusti delle donne d'oggi?

   _____

3. Cosa faceva la signora Brambilla prima di aprire la sua boutique?

   _____

4. Quali sono alcune qualità di una brava commessa?

   _____

5. Sono sempre soddisfatti i clienti della signora Brambilla?

   _____

6. Ti piacerebbe comprare qualcosa nel negozio L'Eleganza? Che cosa compreresti?

   _____

E. **Come sono vestito/a?** Descrivere in maniera abbastanza dettagliata come sei o eri vestito/a nelle seguenti situazioni. Parlare dei colori e tessuti dove possibile. Scrivere almeno tre frasi per ogni situazione.

1. in questo momento _____

   _____

   _____

2. l'ultima volta che sei andato/a ad una festa fra amici _____

   _____

   _____

3. l'ultima volta che sei andato/a ad un matrimonio (o un'altra occasione formale) _____

   _____

   _____

F. **L'uno è più... dell'altro.** Fare un paragone tra due persone famose (della politica, dello sport, della televisione o del cinema, per esempio): una che trovi simpatica e l'altra che trovi proprio antipatica. Parlare di qualità fisiche e anche di personalità delle due persone. Perché preferisci l'una all'altra?

_____

_____

_____

_____

_____

_____

_____

G. **Provare la vostra intelligenza!** Giorgio, Gianna, Gino e Gilda sono quattro amici che sono andati al mare insieme. Ogni amico indossava pantaloni di un colore diverso da quello degli altri. Ogni amico portava scarpe da ginnastica di un colore differente dagli altri. Ogni amico portava un diverso accessore (una persona portava un cappellino da baseball) e una maglietta bianca con il nome del suo stilista preferito (una persona aveva una maglietta firmata da Valentino e un'altra la maglietta di Dolce e Gabbana). Leggere le frasi numerate e cercare di determinare il colore dei pantaloni, il colore delle scarpe, l'accessore e lo stilista di ognuno dei quattro amici. Ci sono quattro colori possibili: giallo, verde, azzurro e rosso.

	Giorgio	Gianna	Gino	Gilda
pantaloni	_____	_____	_____	_____
scarpe	_____	_____	_____	_____
accessore	_____	_____	_____	_____
stilista	_____	_____	_____	_____

1. Nessuno degli amici indossava i pantaloni e le scarpe dello stesso colore.

2. L'uomo che indossava le scarpe gialle portava i pantaloni rossi.

3. Gianna non è la persona con l'orecchino.

4. Una donna portava una grande cintura e i pantaloni gialli.

5. Gilda, che portava le scarpe azzurre, aveva una maglietta firmata di Hugo Boss.

6. Giorgio non indossava un indumento giallo.

7. Gianna, che portava scarpe verdi, era molto tradizionale: non sopportava Dolce e Gabbana.

8. Un uomo indossava i pantaloni verdi, gli occhiali da sole (*sunglasses*) e una maglietta di Armani.

9. Gianna odiava il colore giallo: non lo metteva mai.

H. **Aiuto!!! Cosa mi metto?** Ecco i messaggi di alcuni partecipanti a un forum (*message board*) sulla moda. Leggere i messaggi e poi rispondere alle domande.

"Come mi vesto???" *Inviato da ffreddy il 30 apr ore 09.34*
Eccomi con il solito problema...come mi vesto per un matrimonio il 7 giugno? Volevo qualcosa di speciale perché è un matrimonio importante (è la prima amica della mia compagnia che si sposa!). Abito a Torino e ho già girato TUTTO il centro senza trovare nulla! Dove posso andare ancora? Mi date un consiglio? Grazie...

"Prova" *Inviato da saragat il 30 apr ore 21.40*
da Amerigo in via Vespucci alla Crocetta. Si trovano capi firmati ma delle collezioni dell'anno scorso, quindi tutto è a metà prezzo. Ho comprato lì il vestito per andare al matrimonio della sorella del mio fidanzato. Ho speso poco ma ho fatto un figurone!

"Dilemma scarpe primaverili:aiuto!!!" *Inviato da oriana25 il 28 apr ore 16.09*
La settimana scorsa ho comprato un paio di scarpe a mio parere FAVOLOSE... Le ho anche pagate abbastanza dato che sono di Magli... Ve le descrivo: tacco a spillo alto circa 7 cm, scarpa tipo décolleté ma aperta lateralmente, con cinturino... Insomma sono scarpe eleganti.
Il problema è che IERI AL TG DICEVANO CHE QUEST'ESTATE ANDRANNO DI MODA LE SCARPE ULTRABASSE e addirittura I PIEDI NUDI!
Cosa dite? Ho fatto un errore???

Inviato da cocco il 30 apr ore 21.26
Ma che ti importa! Vestiti come vuoi: non seguire le idee che ti impongono gli stilisti. Scegli i vestiti e le scarpe in base alle tue preferenze. Sii te stessa, a piedi nudi o con i tacchi a spillo! baci

"Per i maschi" *Inviato da Paolo56 il 1 mag ore 2.50*
Carissime amiche, a noi maschietti che cosa consigliate? Cosa dobbiamo indossare per il primo appuntamento?

"originale" *Inviato da Nannina il 3 mag ore 19.41*
Bellissima occasione per farle vedere quanto sei originale! Perché non metti scarpe sportive sotto l'abito elegante? Magari una camicia, da colori insoliti. Quest'anno i toni pastelli sono molto di moda anche per gli uomini. Vedrai, non passerai inosservato!

1. Quale consiglio chiede ffreddy? Cosa deve fare il 7 giugno? Perché per lui è un'occasione importante?

2. Dove gli consiglia di andare saragat? Perché?

3. Che cosa ha comprato Oriana? Perché non è contenta del suo acquisto?

4. Che cosa le risponde cocco?

5. Quale consiglio chiede Paolo56? Perché?

6. Che cosa gli consiglia Nannina?

I. **Aiuto!!! Cosa mi metto?** Adesso tocca a te scrivere al forum sulla moda. Scrivere un messaggio chiedendo un consiglio e poi scrivere anche una possibile risposta.

_____

_____

_____

_____

_____

_____

_____

_____

_____

_____

UNITÀ 8

Lavorare: LAVORIAMO INSIEME!

Vocabolario e grammatica

A. Rispondere alle domande. (**Si dice così A**)

1. Quando ti fanno male i denti, dove vai? _____

2. Se ti senti male e hai mal di testa, da chi vai? _____

3. Quando non funziona la doccia, chi chiami? _____

4. Chi lavora alla fattoria—il contadino o il commercialista? _____

5. Chi lavora in fabbrica—l'infermiere o l'operaio? _____

6. Chi lavora in ufficio—la casalinga o l'uomo d'affari? _____

7. Chi usa matite, carta e disegni nel suo lavoro? _____

8. Chi usa la voce, le note e la musica nel suo lavoro? _____

B. Completare ogni frase con un'espressione nell'infinito. (**Espressioni impersonali**)

Esempio   È necessario **lavarsi i denti tre volte al giorno.**

1. Per gli studenti è difficile _____

2. Per avere successo all'università, basta _____

3. Non è mai facile _____

4. Per avere molti amici, è necessario _____

5. Prima di scegliere una professione, bisogna _____

6. Per realizzarsi nel lavoro, è bene _____

7. Quando uno è giovane, è importante _____

8. È male _____

C. Completare le seguenti frasi con il congiuntivo del verbo dato. (**Il congiuntivo presente: verbi regolari**)

1. I miei genitori vogliono che io _____ (imparare) una lingua straniera.

2. Il professore vuole che noi _____ (studiare) bene la lezione.

3. Luisa dice che è meglio che voi _____ (chiamare) il dottore.

4. Mi sembra che tu non _____ (pensare) come me.

5. Ho paura che gli amici _____ (dimenticare) l'appuntamento.

6. Stefano vuole che io gli _____ (telefonare) tutti i giorni.

7. È ora che voi _____ (decidere) cosa fare dopo la laurea.

8. Anna vuole che noi _____ (leggere) quella lettera.

9. Bisogna che loro _____ (convincere) Andrea a venire con noi.

10. Credo che il signor Ferrero non _____ (capire) l'inglese.

D. Creare sette frasi usando elementi dalle tre colonne. Mettere il secondo verbo nel congiuntivo. (**Il congiuntivo presente: verbi regolari**)

Esempio **È possibile che io trovi un lavoro.**

Mi sembra che	tu ed Angelo	trovare un lavoro
È possibile che	io	laurearsi fra poco
La zia vuole che	Gabriella	vestirsi elegante
Noi crediamo che	la professoressa	iscriversi in biologia
È un peccato che	io e Mario	mangiare più verdure
È importante che	Lei	aspettare due minuti
Loro desiderano che	Paolo e Gina	prendere la medicina
Tu pensi che	tu	capire il problema
	Raffaele	partire domenica

1. _____

2. _____

3. _____

4. _____

5. _____

6. _____

7. _____

E. Rispondere alle domande in maniera logica, usando il congiuntivo presente. (**Il congiuntivo presente: verbi regolari**)

Esempio —Dove abita Franco?
—Mi sembra che **abiti a Roma.**

1. —A che ora apre il negozio? —Mi pare che _____

2. —Che cosa prepara la nonna? —Credo che _____

3. —Dove lavora Cristina? —Penso che _____

4. —Quanto costa questo CD? —Mi sembra che _____

5. —Che cosa studiano i ragazzi? —Credo che _____

6. —A che ora finisce questo programma? —Penso che _____

7. —Che cosa mangia Pietro? —Mi sembra che _____

8. —Che cosa preferiscono fare la sera gli studenti? —Credo che _____

_____

F. Completare il dialogo fra Paola e Giulio con parole appropriate. (**Si dice così B**)

PAOLA Giulio, ho sentito che ogni giorno vai a lavorare a Torino. Quale

_____ usi?

GIULIO Dunque, mi alzo piuttosto presto, vado a piedi fino alla _____

dell'autobus. L'autobus passa ogni mezz'ora e dopo un'ora e un quarto

_____ alla fermata vicino al mio ufficio.

PAOLA Così tanto tempo! Ma perché non ti compri una macchina usata o un

_____? Arriveresti prima.

GIULIO Il problema è che so _____, ma non ho ancora

preso la _____. E poi a Torino è quasi impossibile

trovare dove _____ la macchina.

PAOLA Io devo andare a Torino una volta la settimana. Se vuoi, ti posso dare un

_____.

GIULIO D'accordo! Grazie!

PAOLA Figurati!

G. Scrivere una descrizione di quello che c'è nel disegno. Scrivere almeno sei frasi complete.
(**Si dice così B**)

_____

_____

_____

_____

_____

_____

_____

H. Completare le frasi con il congiuntivo presente del verbo dato. (**Il congiuntivo:
verbi irregolari**)

1. Penso che le mie sorelle _____ (essere) a casa.

2. Non sono sicuro che tu _____ (avere) ragione.

3. Voglio che tu _____ (venire) con me alla festa.

4. È meglio che Roberto non _____ (uscire) perché sta piovendo.

5. Non credi che la metropolitana _____ (essere) più veloce?

6. Desidero che voi _____ (essere) più gentili.

7. Pensi che Claudia e Patrizia _____ (andare) ai giardini in
bicicletta?

8. Non è possibile che tu _____ (fare) sempre lo stesso errore!

9. Sembra che voi non _____ (dovere) partire domani.

10. Ho l'impressione che loro non _____ (potere) lavorare in quell'ufficio.

I. Completare le frasi in maniera originale. (**Il congiuntivo presente: verbi irregolari**)

1. Mi piace che la mia università _____

2. È importante che io _____

3. Qualche volta mi dà fastidio che la mia famiglia _____

_____

4. Spero che i miei professori _____

5. Ho l'impressione che gli altri studenti della classe _____

_____

6. Non è possibile che io _____

7. Nelle prossime settimane, bisogna che io _____

_____

J. Abbinare ogni parola a sinistra con quella a destra che ha il significato contrario. (**Si dice così C**)

1. _____ l'impiegato   a. lavorare

2. _____ i dirigenti   b. il boom economico

3. _____ migliorare   c. il libero professionista

4. _____ la crisi   d. impiegato

5. _____ fare sciopero   e. peggiorare

6. _____ disoccupato   f. il sindacato

K. Sottolineare la forma corretta dei verbi fra parentesi. (**L'uso del congiuntivo**)

1. Non c'è nessuno che (potere / può / possa) capire il mio problema.

2. Spero di (diventare / divento / diventi) medico un giorno.

3. Davide si lava i denti prima di (andare / va / vada) a dormire.

4. È lo studente più pigro che io (avere / ho / abbia) nella mia classe.

5. Sono molto contenta di (essere / sono / sia) qui.

6. Vedi quella signora che (aspettare / aspetta / aspetti) l'autobus?

7. Gianna arriva presto alla stazione perché non vuole che sua madre (perdere / perde / perda) il treno.

8. È possibile che la ditta mi (assumere / assume / assuma).

9. So che tu non (capire / capisci / capisca) l'inglese.

10. È importante (sapere / sa / sappia) la grammatica.

L. Completare la frase con congiunzioni italiane che corrispondono alle parole inglesi.
(**L'uso del congiuntivo: congiunzioni**)

1. Usciamo stasera (*even though*) _____ piova.

2. Puoi lavorare in quest'ufficio (*as long as*) _____ tu conosca una lingua straniera.

3. Non si trova un lavoro (*unless*) _____ ci si laurei bene.

4. Lui lavora (*so that*) _____ sua figlia possa frequentare l'università.

5. Noi andiamo al cinema (*provided that*) _____ venga anche tu.

6. Non dimenticare di salutare Angelica (*before*) _____ se ne vada.

7. Lavoro giorno e notte (*in order that*) _____ possiamo andare in vacanza l'estate prossima.

8. Faccio domanda di lavoro (*provided that*) _____ ci sia possibilità di lavoro in quella ditta.

9. Cerco un lavoro (*although*) _____ sia molto difficile trovarne uno.

10. (*Although*) _____ io sia molto stanca, lavoro dopo le mie lezioni.

M. Completare le frasi in maniera logica. (**L'uso del congiuntivo: le congiunzioni**)

1. Mi licenzio a meno che _____

2. Facciamo sciopero affinché _____

3. La produzione è in calo sebbene _____

4. Prenderò un taxi nonostante che _____

5. Chiedo un passaggio a Rocco benché _____

6. Lavoro durante il fine settimana di modo che _____

7. Collaboro al nuovo progetto purché _____

N. Completare le seguenti frasi con un vocabolo opportuno. (**Si dice così D**)

1. Chi cerca lavoro deve guardare le _____ di lavoro sui giornali.

2. In Italia in agosto la gente non lavora perché ci sono _____.

3. Un giovane che lavora sodo e che è sempre pronto e preparato vuole

   _____.

4. Si fa un _____ quando si va a parlare con il direttore dell'azienda prima di essere impiegati.

5. Michele non lavora bene e adesso lo vogliono _____.

6. Quando una ditta ha bisogno di più personale, _____ nuovi impiegati.

7. Un documento che dimostra le qualificazioni di un candidato per un posto di lavoro è un

   _____.

O. Sottolineare il pronome corretto per completare il brano. (**I pronomi relativi**)

Sai, ho comprato una nuova macchina. Mio cognato è un amico della persona da (quale/cui) l'ho comprata. (Quale/Quello) che mi piace di questa macchina è che è molto sportiva, ma comoda anche per le famiglie. L'uomo (che/cui) me l'ha venduta m'ha fatto un affare. Mi ha dato un buon prezzo per la mia vecchia macchina, (che/quale) avevo da più di dodici anni. Mia moglie piangeva perché quella vecchia era la macchina con (che/cui) abbiamo fatto il viaggio di nozze. Ma sono sicuro che la nuova macchina, (che/cui) è veramente speciale, le piacerà di più alla fine.

P. Collegare le seguenti frasi con un pronome relativo, come nell'esempio. (**I pronomi relativi**)

Esempio   Ho perso *il libro*. Tu mi hai regalato *il libro*.
      Ho perso il libro che tu mi hai regalato.

1. Lo stadio è vicino a casa nostra. Noi giochiamo a calcio nello stadio.

   _____

2. L'amico si chiama Federico. Ho comprato un regalo per l'amico.

   _____

3. Quel signore è il nostro medico di famiglia. Hai incontrato ieri quel signore.

   _____

4. Ho comprato l'auto tre mesi fa. L'auto consuma molta benzina.

   _____

5. Voglio presentarti gli amici. Ti ho parlato ieri degli amici.

   _____

6. La signora sta leggendo un libro. Il libro sembra divertente.

   _____

7. Ieri sera ho visto un film. Mi hai raccomandato il film.

   _____

8. Ho conosciuto quella signora. I figli della signora frequentano la tua scuola.

   _____

Pratica comunicativa

A. È vero? È vero!   Fare un cerchio intorno alla lettera che indica la risposta logica.

1. È vero che tua sorella è una vera secchiona?
   a. È vero! Mangia un sacco di dolci!
   b. È vero! Sta sempre a casa a studiare!
   c. È vero! Non vuole mai spendere.

2. È vero che tu hai una cotta per Valentina?
   a. È vero! La trovo affascinante!
   b. È vero! Non la sopporto proprio!
   c. È vero! Questi fagioli sono cotti.

3. È vero che devi scappare proprio adesso?
   a. È vero! Devo andare via subito.
   b. È vero! Devo realizzarmi.
   c. È vero! Dobbiamo essere orgogliosi.

4. È vero che il colloquio di lavoro è andato bene?
   a. È vero! In bocca al lupo!
   b. È vero! Facciamo sciopero da domani.
   c. È vero! Devi congratularti con me!

5. È vero che hai preso la patente?
   a. È vero! Non so guidare.
   b. È vero! Adesso posso guardare.
   c. È vero! Ora possiamo girare in macchina.

B. Dall'ufficio collocamento.   Sei andato/a ad un ufficio collocamento (*employment agency*) per trovare un lavoro per l'estate. La segretaria ti dà questo modulo (*form*) da compilare.

Nome: _____

Indirizzo: _____

Telefono: _____   **Età:** _____

Esperienza di lavoro

Nome della ditta	Date	Responsabilità	Perché ha lasciato
1._____	dal _____ al _____	_____	_____
		_____	_____
2._____	dal _____ al _____	_____	_____
		_____	_____
3._____	dal _____ al _____	_____	_____
		_____	_____

Che tipo di lavoro cerca? _____

Quando può cominciare a lavorare? _____

C. **Il colloquio di lavoro.** Quando hai finito di compilare il modulo a pagina 100, la segretaria ti porta in un altro ufficio per un colloquio con il direttore. Scrivere come rispondi alle sue domande.

DIRETTORE   Buongiorno, signore/signorina. Cosa posso fare per Lei?

TU   _____

DIRETTORE   Che tipo di lavoro Le piacerebbe trovare?

TU   _____

DIRETTORE   Mi dica quali sono, secondo Lei, i suoi punti forti e quali considera invece i suoi punti deboli.

TU   _____

   _____

   _____

DIRETTORE   Dove pensa di essere fra dieci anni?

TU   _____

DIRETTORE   Che cosa è più importante per Lei: guadagnare molto o avere soddisfazione nel lavoro? Perché?

TU   _____

   _____

DIRETTORE   Abbiamo vari posti aperti in un albergo. Le piace pulire i WC?

TU   _____

D. **Future carriere.** Guardare le lettere e le risposte e poi rispondere alle domande.

L'ESPERTO RISPONDE

In mezzo ai bambini

D. Ho 20 anni e sono iscritta alla facoltà di Scienze dell'Educazione. Ho fatto la baby-sitter, ho dato lezioni private e mi sono occupata di volontariato con bambini in condizioni di disagio famigliare. Mi piacerebbe poter continuare a svolgere un lavoro a contatto con i piccoli.

L.D.B.

R. L'Istituto Cortivo, centro di formazione professionale presente in tutte le regioni (con sede centrale in via Cortivo 23, 35133 Padova, tel. 049.702311), organizza periodicamente corsi di specializzazione per operatori sociali di assistenza per l'infanzia. I programmi didattici prevedono lo studio di materie di carattere umanistico, scientifico e specialistico, adatte anche per affrontare situazioni di disagio infantile. Se desideri invece lavorare in scuole o asili, puoi contattare il Provveditorato degli Studi della tua città, dove riceverai tutte le informazioni sulle modalità di ammissione alle graduatorie. Ci sono inoltre proposte interessanti per aprire un asilo in franchising. Puoi chiedere ad esempio a Do Mi Re Baby di Milano, tel. 02.4691227.

Un futuro in passerella

D. Sono una studentessa di Economia, ma la mia passione è la moda. Mi piacerebbe fare la modella, ma soprattutto riuscire a creare vestiti.

T.K.

R. Per una ragazza con le tue caratteristiche, la strada migliore è quella di rivolgersi direttamente a una agenzia di casting. Te ne segnalo un paio. Innanzitutto Elite Model Management di Milano, con sede in via San Vittore 40 (fax 02.4819058, tel. 02.467521). L'altra è la prima agenzia di modelle nata e progettata espressamente per Internet. È la Fashion Line, con sede in via Porta di Castello 4, 40121 Bologna; puoi consultare anche il sito www.fashionline.it (fax 051.6562474, tel. 051.6486162).

Vocabolario utile

disagio	*trouble*
svolgere	*to pursue*
asili	*preschools*
passerella	*fashion show runway*
rivolgersi	*to contact*

In mezzo ai bambini

1. Quali studi ha fatto "L.D.B."?

   _____

2. Quali esperienze di lavoro ha svolto?

   _____

3. Che tipo di lavoro vorrebbe svolgere?

   _____

4. Quali consigli le dà l'esperto?

   _____

   _____

Un futuro in passerella

1. Che tipo di lavoro vorrebbe svolgere "T.K."?

   _____

2. Quali qualità le aiuteranno a realizzare questo sogno?

   _____

3. Che cosa le dice di fare l'esperto?

   _____

   _____

E. Viaggi di tutti i tipi.   Parlare brevemente di quattro viaggi che hai fatto, usando il modello e le parole ed espressioni indicate.

veloce	macchina
lento	aeroplano
comodo	nave
scomodo	bicicletta
economico	treno
costoso	autobus
interessante	motocicletta
noioso	
divertente	
bello	
brutto	

1. Ho fatto un viaggio da _____ a _____

   in _____. È stato un viaggio molto _____

   e _____. (Non) Mi è piaciuto perché _____

   _____

   _____

2. _____

   _____

3. _____

   _____

4. _____

   _____

   _____

F. La migliore professione.   Quale professione credi che sia la migliore? Scegliere la professione che ti interessa di più, poi descrivere quello che fanno queste persone e perché ti interessa tanto questo tipo di lavoro. Cercare di usare il congiuntivo il più possibile con espressioni come **Mi pare che...**, **Spero che...**, **Credo che...** ecc.

   _____

   _____

   _____

   _____

   _____

G. Il gioco dell'eliminazione. Eliminare le parole della scheda che corrispondono alle seguenti categorie. Le parole restanti ti daranno un proverbio italiano. Eliminare:

- tutte le professioni
- tutti i mezzi di trasporto
- tutti i colori
- tutti i vestiti
- tutte le cose che fanno i manager delle aziende

ingegnere	motorino	chi	bianco	infermiere	è
camicia	amico	viola	impiegare	di	autobus
tutti	traghetto	mutande	non	avvocato	calzini
azzurro	è	licenziare	pantaloni	amico	metro
di	idraulico	ambulanza	assumere	nessuno	verde

Proverbio: _____

UNITÀ 9 Viaggiare: ANDIAMO IN VACANZA!

Vocabolario e grammatica

A. Completare le frasi con le parole o frasi appropriate. (**Si dice così A**)

1. L'anno scorso abbiamo trascorso sette giorni in montagna per sciare; è stata una bellissima

   _____.

2. Prima di partire per le vacanze, bisogna mettere tutto il necessario nei bagagli, cioè fare

   _____.

3. I giorni speciali in cui nessuno lavora sono i giorni _____.
   Invece quelli in cui la maggior parte della gente lavora o frequenta la scuola sono i

   giorni _____.

4. Il giorno in cui la vecchia Befana arriva e porta regali ai bambini buoni si chiama

   l'_____.

5. Per molte feste nazionali, si accendono i _____ dopo il
   tramonto del sole.

6. Una festa in un piccolo paese per onorare un prodotto locale è una _____.

B. Scrivere il giorno festivo che associ con le seguenti cose. (**Si dice così A**)

1. uova di cioccolato, primavera, il coniglietto: _____

2. costumi, Venezia, febbraio, Quaresima: _____

3. fuochi d'artificio, feste, freddo, San Silvestro: _____

4. tacchino, grande pranzo con la famiglia, autunno: _____

5. Babbo Natale, l'albero, la stella, regali: _____

6. Italia, caldo, estate, città deserte: _____

C. Mettere un verbo al passato prossimo e l'altro al trapassato prossimo secondo il senso della
frase. (**Il trapassato prossimo**)

   Esempio   Io (fare) **avevo** già **fatto** il bagno in mare quando tu (arrivare)
   sei arrivata in spiaggia.

1. Dopo che Valeria (andare) _____ via, io (cominciare)

   _____ a lavorare.

2. Dopo che le ragazze (salutare) _____ tutti, loro (uscire)

   _____.

3. Lei già (scrivere) _____ la lettera quando voi la (incontrare)

   _____ in tabaccheria.

4. Noi (arrivare) _____ quando voi (andare) _____

   appena _____ via.

5. Il film appena (incominciare) _____ quando lui (comprare) _____ i biglietti.

6. Quando noi (decidere) _____ di andare al mare, tu (partire) _____ già _____ per le ferie.

D. Scrivere quello che hai fatto l'anno scorso e che non avevi mai fatto prima, come nel modello. (**Il trapassato prossimo**)

Esempio   vedere un film italiano
L'anno scorso ho visto un film italiano; non avevo mai visto un film italiano prima.

1. andare all'estero _____
_____

2. vivere in una casa dello studente _____
_____

3. prendere un traghetto _____
_____

4. svegliarsi dopo mezzogiorno _____
_____

5. essere a New York _____
_____

6. fare camping _____

E. Descrivere quello che vedi nel disegno e quello che fanno le persone. Scrivere almeno cinque frasi. (**Si dice così B**)

_____
_____
_____
_____
_____

F. Completare le seguenti frasi con il verbo dato al congiuntivo imperfetto.
(**Il congiuntivo imperfetto**)

1. Era normale che il treno (arrivare) _____ puntuale.

2. Avevamo paura che Paolo (prendere) _____ l'aereo.

3. Credevi che noi (partire) _____ oggi?

4. Pensavamo che il treno (essere) _____ in ritardo.

5. Non pensavo che loro (avere) _____ bisogno di me.

6. Era bene che Piero (accompagnare) _____ sua madre alla stazione.

7. Era importante che voi (dormire) _____ durante il viaggio.

8. Era ora che loro (fare) _____ le valigie.

9. Non sapevi che io non (potere) _____ venire con te?

10. Era necessario che noi (sbrigarsi) _____ per arrivare in tempo.

G. Riscrivere la frase seguendo il modello. (**Il congiuntivo imperfetto**)

Esempio   Il viaggio era lungo. Pensavo **che il viaggio fosse lungo.**

1. Il treno partiva alle 11.00. Credevamo _____
_____

2. I miei amici andavano in Sardegna. Ero contenta _____
_____

3. Angela aspettava il treno al binario. Era possibile _____
_____

4. I turisti erano contenti di partire. Sembrava _____
_____

5. Tu dicevi tante bugie. Mi pareva _____
_____

6. Voi arrivavate a mezzogiorno. Pensavamo _____
_____

7. I ragazzi spedivano cartoline agli amici. Era bene _____
_____

8. I nostri amici vengono a passare il weekend con noi. Eravamo contenti _____
_____

H. Completare il seguente brano con parole appropriate. (**Si dice così C**)

Quest'anno andiamo in Francia; la nostra _____ è Parigi. In un'agenzia di viaggio specializzata in viaggi economici per gli studenti, posso trovare _____ per i biglietti aerei. Prima di programmare un viaggio, posso prendere un _____ in un'agenzia di viaggio per vedere le foto e la descrizione del posto. Ci informiamo all'albergo per la _____ delle camere—speriamo che abbiano una camera per noi! Se abbiamo bisogno di una macchina mentre viaggiamo, prendiamo un'_____. Nella tariffa dell'albergo che abbiamo scelto, sono comprese la colazione e la cena: cioè è con _____. Ci andiamo ad ottobre quando ci sono pochi ospiti e tutto costa di meno; è la _____ stagione.

I. Descrivere quello che vedi nel disegno. Scrivere almeno sei frasi nella tua descrizione. (**Si dice così C**)

_____
_____
_____
_____
_____
_____
_____
_____

J. Completare le seguenti frasi con il congiuntivo passato del verbo indicato.
(**Il congiuntivo passato**)

Esempio   Mi pare che non **sia tornata** ancora dalle vacanze.

1. Penso che Giuseppe (andare) _____ in Francia l'anno scorso.

2. È importante che tu (prenotare) _____ i biglietti aerei.

3. Sembra che i signori Simonetti (partire) _____ per le vacanze.

4. Mi dispiace che la vacanza (finire) _____ così presto.

5. È bene che voi (comprare) _____ i biglietti.

6. Spero che tu non (vedere) _____ questo film.

7. Dubitate che noi (conoscere) _____ Roberto Benigni? Perché non ci credete?

8. Peccato che io non (prendere) _____ l'ombrello.

K. Alcuni amici ti dicono delle cose interessanti. Rispondere usando espressioni che richiedono il congiuntivo, come nel modello. (**Il congiuntivo passato**)

Esempio   Ho trovato dieci dollari.
Sono veramente contenta / È impossibile... / Meno male...
che tu abbia trovato dieci dollari.

1. Non ti abbiamo invitato alla festa.

   _____

2. Mamma e papà ti hanno portato un regalo dall'Italia.

   _____

3. Daniele è partito senza telefonare.

   _____

4. Scusami che non ho risposto alla tua lettera.

   _____

5. Io e Simona ci siamo divertiti molto ieri.

   _____

6. I miei fratelli hanno dimenticato il mio compleanno.

   _____

L. Reagire alle seguenti frasi, scrivendo che non lo pensavi così. (**Il congiuntivo trapassato**)

Esempio   Andy Warhol ha dipinto la *Mona Lisa*.
Oh! Ma io pensavo che Leonardo da Vinci l'avesse dipinto!

1. Topo Gigio ha creato la statua di Davide.

   _____

2. Stephen King ha scritto *La Divina Commedia*.

   _____

3. Gli svedesi hanno inventato la pizza.

   _____

4. Ben Affleck ha scoperto l'America.

_____

5. Ozzy Osbourne ha scritto *Le quattro stagioni*.

_____

6. Gli antichi Egiziani (*Egyptians*) hanno costruito il Colosseo.

_____

M. Scrivere una parola appropriata per ogni definizione. (**Si dice così D**)

1. Quello che fa l'aeroplano quando sale in aria: _____

2. Quello che i passeggeri devono fare con le cinture di sicurezza: _____

3. Una parte di un viaggio lungo: _____

4. Quello che fanno i passeggeri quando il volo è quasi pronto a partire:

_____

5. Quello che i passeggeri devono fare con i loro passaporti alla dogana:

_____

6. La persona che serve da mangiare e da bere sull'aereo: _____

7. Un volo che non fa scalo (non si ferma) in nessun posto: _____

N. Sottolineare la forma corretta nel seguente brano. (**I negativi**)

Beata te, Mirella; tu non ti sei (mai/niente) innamorata. Non hai (neppure/nessun) uomo che ti dia fastidio. Non devi ascoltare (affatto/nessuno) che ti racconti bugie. Non ricevi né cioccolatini che ti fanno ingrassare (né/sia) fiori che ti fanno starnutire (*sneeze*). Non c'è (ancora/nessuno) che ti chiami continuamente per parlare in continuazione. Non sei (neanche/nulla) carina, il che è un vero vantaggio. Tu sei veramente fortunata!

O. Scrivere il contrario delle frasi con espressioni negative. (**I negativi**)

Esempio Qualcuno mi ha aiutato a fare i compiti.
          Nessuno mi ha aiutato a fare i compiti.

1. C'è qualcosa dentro la valigia. _____

2. Molte persone mi hanno incontrato all'aeroporto. _____

_____

3. I miei vivono ancora in periferia. _____

4. Parlo sempre con gli altri passeggeri. _____

5. Ho già prenotato il volo. _____

6. L'albergo ha la piscina e anche un campo da tennis. _____

_____

7. Siamo andati al mare dieci volte quest'estate. _____

_____

8. Ho dimenticato tutto in albergo. _____

_____

Pratica comunicativa

A. Treni, traghetti e aerei.   Ecco le battute di tre brevi conversazioni, quattro frasi ognuna. La prima conversazione ha luogo su un treno, la seconda su un traghetto e la terza su un aereo. Separare le battute e poi riscriverle nell'ordine appropriato.

> Bene. Ecco la sua carta d'imbarco. Buon viaggio!
> Buongiorno, signora. Vorrei fare il check-in per il volo numero 335.
> C'è posto in questo scompartimento?
> È di seconda classe.
> Fra due ore.
> Ha la prenotazione per il volo?
> Quando arriviamo al porto?
> Quanto mi piace viaggiare per mare!
> Scusi, signorina. Questa carrozza è di prima o seconda classe?
> Sì, ecco il mio biglietto.
> Infatti! È bellissimo vedere le onde, il sole...
> Sì, il posto vicino al finestrino è libero.

1. Sul treno

— _____

— _____

— _____

— _____

2. Sul traghetto

— _____

— _____

— _____

— _____

3. In aereo

— _____

— _____

— _____

— _____

B. All'agenzia di viaggio.   Tu ed un amico avete bisogno di aiuto per progettare una vacanza speciale in Sardegna. Andate ad un'agenzia di viaggio per informazioni e forse per prenotare un viaggio. Scrivere quello che rispondete all'agente.

AGENTE   Buongiorno, signori. Ditemi pure.

VOI   _____

AGENTE   E dove volete andare?

VOI   _____

AGENTE	Come preferite viaggiare: in aereo? in traghetto?
VOI	_____
	_____
AGENTE	E sull'isola, che tipo di albergo preferite?
VOI	_____
AGENTE	Vi serve un'auto a noleggio?
VOI	_____
AGENTE	Volete prenotare adesso?
VOI	_____
AGENTE	Bene, credo di potervi aiutare a progettare una vacanza indimenticabile, signori! Ecco alcuni dépliant per dei villaggi turistici superattrezzati...
VOI	_____

Ritratto
Tita Ledda

Buongiorno, Signora Ledda. Che tempo magnifico!
Sì, siamo davvero viziati° qui in Sardegna, perché fa spesso bellissimo! *spoiled*

Ci può dire che lavoro svolge?
Sono la proprietaria° di questo villaggio turistico. Mio padre era direttore d'albergo   *owner*
a Cala Gonone e così ho imparato da lui come dirigere° un albergo. Nel 1985 abbiamo   *to run*
aperto questo villaggio di vacanza qui vicino a Palau, e da allora svolgo il lavoro di
amministratore finanziario.

Quante camere avete a disposizione dei turisti?
Non abbiamo nessuna camera, nel senso tradizionale. Ci sono trenta bungalow che
ospitano famiglie o gruppi fino a otto persone. Sono dei mini-appartamenti molto
confortevoli: hanno la TV, il telefono, l'aria condizionata e una grande terrazza sul mare.

Com'è organizzato il villaggio?
C'è una spiaggia privata con un nostro bagnino. Il villaggio offre la possibilità di fare
ginnastica nella nostra palestra con un insegnante e corsi di nuoto in piscina.

Per mangiare, gli ospiti vanno fuori o offrite altri servizi qui?
Abbiamo un ristorante interno, due bar (uno è sulla spiaggia!) e un self-service.
Certamente, offriamo specialità locali, sarde. Di sera, i nostri animatori° preparano   *recreation*
spesso degli spettacoli e per i giovani c'è anche una discoteca.   *directors*

Da dove vengono i vostri clienti?
La maggior parte sono persone che vengono dalle grandi città del nord: Torino, Milano,
Firenze, Genova. Ma ci sono anche molti tedeschi, olandesi, danesi... Loro sono proprio
innamorati della nostra isola.

E Lei, Signora Ledda, dove va in vacanza?
In vacanza io? Purtroppo non ho molto tempo per andare in vacanza e comunque non
posso mai lasciare l'albergo durante la stagione turistica. Però quando l'albergo è chiuso
mi piace trascorrere delle vacanze rilassanti in un centro di agriturismo, dove posso
fare passeggiate a cavallo, raccogliere fiori, seguire corsi di cucina macrobiotica e ...
fare sane dormite!°   *healthy sleep*

Signora Ledda, ancora un'ultima domanda: qual è il Suo vero nome?
Tita è il soprannome che mi hanno dato da piccola. Il mio vero nome è Maria Vittoria,
come la nonna.

C. Indicare se le seguenti frasi sono vere o false, e poi correggere quelle false.

1. V F   In Sardegna, fa quasi sempre bel tempo.

2. V F   Anche il padre della signora Tita era albergatore.

3. V F   Il villaggio turistico è aperto da cinque anni.

4. V F   Non ci sono camere tradizionali nel villaggio.

5. V F   I bungalow sono molto rustici.

6. V F   Non c'è né una piscina né un bar.

7. V F   La maggior parte dei clienti viene dal sud d'Italia.

8. V F   Di sera non c'è niente da fare al villaggio.

9. V F   Quando Tita va in vacanza, preferisce un centro urbano.

10. V F   Tita è un soprannome per Maria Vittoria.

D. **Vacanze a Costa Ottiolu.**   Ecco una pagina Internet su un bellissimo villaggio turistico in Sardegna. Leggere attentamente le informazioni e poi fare l'attività che segue.

A P P A R T A M E N T I

Residenza Costa Ottiolu

UNO DEI COMPLESSI TURISTICI
PIÙ ATTREZZATI DELLA SARDEGNA

Porto Ottiolu / Sardegna
Posizione: A circa 25 km a sud di Olbia, situata tra due splendide spiagge di sabbia bianca.

Appartamenti/Camere:
APPARTAMENTI: Piccole palazzine composte da 4 appartamenti ciascuna, situate in zona tranquilla, immerse nel verde. Gli appartamenti possono ospitare da 2 a 8 persone. Impianti sportivi a poca distanza.
VILLETTE (4 LETTI): Al piano terra: ampio soggiorno con angolo cucina, divano letto matrimoniale, bagno. Al piano superiore: camera matrimoniale, bagno. Giardino privato con spazio barbecue e doccia esterna.

Attrezzature:
- 2 piano bar sulla Marina, con musica dal vivo, pub e disco.
- 3 ristoranti e 2 pizzerie.
- Supermercato con servizio a domicilio, gelateria, enoteca, tabaccheria, gioielleria, boutique.
- Gazebo al porto per escursioni: Tavolara, Molara, Cala Gonone ecc.
- Cantiere nautico e Yacht club con possibilità nolo gommoni ed altre imbarcazioni.
- Spiaggia privata con noleggio di ombrelloni e sdraio.
- Distanza dal mare: circa 600 metri.

Sport e Animazione:
- Centro sportivo con 3 campi da tennis, 1 campo da calcio.
- 1 campo pratica golf.
- Corsi collettivi di tennis, golf (agosto) su campo pratica, windsurf, vela, nuoto, acquadance.
- Corsi di ballo latino-americano.

Trovare a destra l'espressione che completa ogni frase.

1. _____ La Residenza Costa Ottiolu è molto...
2. _____ Il villaggio dista 25 chilometri da...
3. _____ Gli appartamenti sono vicini agli...
4. _____ Le villette hanno anche le doccie...
5. _____ Il supermercato offre servizio...
6. _____ Se hai bisogno di sigarette, puoi andare in...
7. _____ Dal porto è possibile fare escursioni a...
8. _____ Alla spiaggia è possibile noleggiare...
9. _____ Durante le tue vacanze puoi imparare a giocare a...
10. _____ Puoi anche imparare...

a. Tavolara.
b. i balli latino-americani.
c. tabaccheria.
d. attrezzata.
e. a domicilio.
f. Olbia.
g. golf.
h. impianti sportivi.
i. esterne.
j. ombrelloni.

E. **Le vacanze in villaggio.** Hai passato una settimana alla Residenza Costa Ottiolu. Adesso scrivere una breve e-mail ad un amico/un'amica per raccontare le vacanze. Parlare del posto, se ti è piaciuto, se ti sei divertito/a, con chi sei andato/a in vacanza, che cosa hai fatto al villaggio e com'era il tempo. Scrivere almeno otto frasi.

_____
_____
_____
_____
_____
_____
_____
_____

F. **Natale con i tuoi...** Scrivere quello che hai fatto per festeggiare le seguenti feste. Scrivere almeno due frasi per ogni festa.

1. La vacanza d'inverno _____
_____

2. Capodanno _____
_____

3. La Festa del Lavoro _____
_____

4. L'intervallo primaverile (*spring break*) _____
_____

5. Il quattro luglio _____
_____

G. **Il giro della Sardegna.** Ecco una cartina molto schematica della Sardegna. Seguire le indicazioni date per fare un giro piacevole dell'isola.

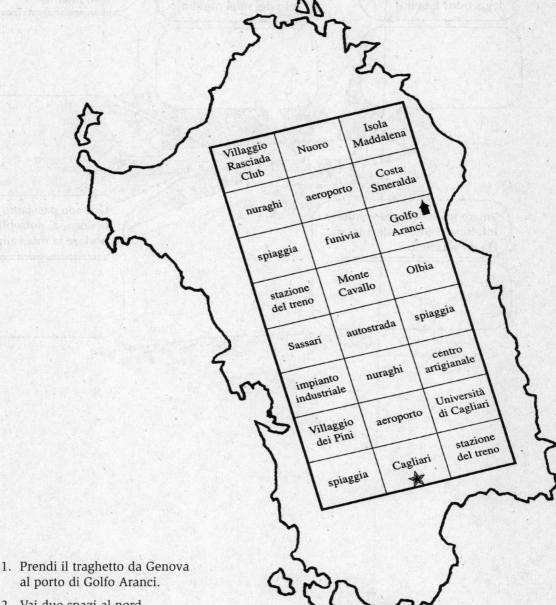

1. Prendi il traghetto da Genova
   al porto di Golfo Aranci.

2. Vai due spazi al nord.

3. Noleggi una macchina. Vai due spazi alla sinistra.

4. Vai all'aeroporto più vicino.

5. Prendi il volo al capoluogo della Sardegna.

6. Vai alla stazione del treno più vicina.

7. Prendi il treno fino all'altra stazione della cartina.

8. Fai l'autostop verso il sud fino a trovare un villaggio turistico.

9. Dopo quattro giorni piacevoli al villaggio, prendi l'autobus e vai due spazi al nord.

Dove sei? _____

H. Conversazioni sull'aereo. Che bello parlare con delle persone che non conosci nei confini ristretti dell'aeroplano! Come rispondono le persone interrogate?

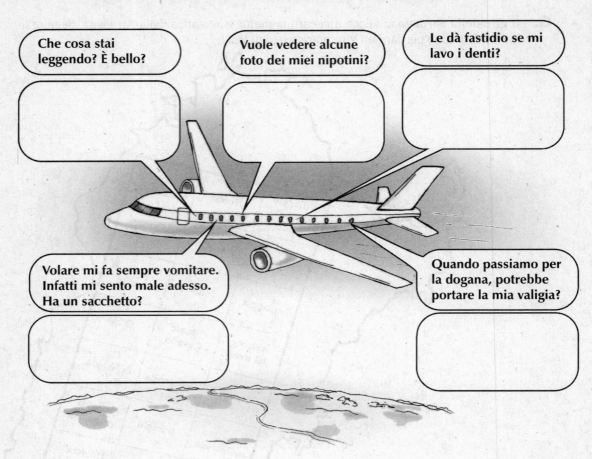

Che cosa stai leggendo? È bello?

Vuole vedere alcune foto dei miei nipotini?

Le dà fastidio se mi lavo i denti?

Volare mi fa sempre vomitare. Infatti mi sento male adesso. Ha un sacchetto?

Quando passiamo per la dogana, potrebbe portare la mia valigia?

UNITÀ 10 — Divertirsi: USCIAMO STASERA!

Vocabolario e grammatica

A. Descrivere quello che c'è nel disegno. Chi sono le persone? Che cosa fanno? Dove sono? Descrivere anche il locale. Scrivere almeno sei frasi. (**Si dice così A**)

_____
_____
_____
_____
_____
_____
_____
_____

B. Completare il seguente brano con parole appropriate. (**Si dice così A**)

Una nostra amica è la _____ di un piccolo gruppo teatrale

non professionale. Lei ci ha invitato al debutto del loro pezzo più recente—una commedia

del grande _____ veneziano, Carlo Goldoni. La nostra amica

sperava che fosse un _____, e alla fine dello spettacolo il pubblico

ha _____ cortesemente. Il giorno dopo, però, abbiamo letto sul

giornale locale una _____ molto negativa, scritta da un

_____ veramente antipatico.

　　　"Gli attori non sanno _____," ha scritto. "Questa commedia

è una vera _____!"

C. Completare le seguenti frasi con il condizionale presente del verbo dato.
(**Il periodo ipotetico**)

1. Se tu fossi un regista, dove (girare) _____ un film?

2. Cosa (fare) _____ io se non avessi te?

3. Gli attori (recitare) _____ meglio se il regista fosse più serio.

4. Marcello (venire) _____ al cinema con noi se arrivasse in tempo.

5. Se non fossimo così stanchi, ci (piacere) _____ vedere quel
film alla TV.

6. Lui (essere) _____ felice se potesse aiutarla.

7. Se voi foste bravi, voi (avere) _____ il permesso di uscire.

8. Il professore (scrivere) _____ alla lavagna se avesse un
pezzo di gesso.

9. Se aprissero il sipario, lo spettacolo (cominciare) _____.

10. Io (partire) _____ subito se potessi.

D. Riscrivere ogni frase usando le forme nel modello. (**Il periodo ipotetico**)

Esempio　Se devo studiare, vado in biblioteca.
Se dovessi studiare, andrei in biblioteca.

1. Se conosciamo un avvocato, ci può aiutare.

_____

2. Se fa bel tempo, facciamo una gita in montagna.

_____

3. Se non avete fretta, vi invitiamo a pranzo.

_____

4. Se dici la verità, non avrai problemi.

_____

5. Se danno un bel film, andiamo al cinema.

_____

6. Se hai un altro biglietto per il teatro, vengo con te.

_____

7. Se lo spettacolo non è buono, il critico scrive una recensione negativa.

_____

8. Se ti piacciono i film di Visconti, ti suggerisco di andare al cinema Ariston.

_____

E. Completare le seguenti frasi in maniera logica. (**Il periodo ipotetico**)

1. Se io avessi più tempo, _____

2. Se non trovo un lavoro per l'estate, _____

3. Se non capisco una cosa durante la lezione d'italiano, _____

4. Se io potessi frequentare un'altra università, _____

5. Se io sapessi parlare perfettamente l'italiano, _____

6. Se domani fosse l'inizio delle vacanze estive, _____

F. Scrivere una parola che corrisponde ad ogni definizione. (**Si dice così B**)

1. Suona uno strumento in un'orchestra: _____

2. Lo strumento che stabilisce il ritmo di un complesso musicale: _____

3. È più piccolo del violoncello: _____

4. Una persona che scrive musica: _____

5. Il luogo in cui i giovani imparano a suonare, a cantare e a comporre: _____

6. Durante _____, i musicisti si preparano per il concerto.

G. Le persone nella prima colonna vorrebbero che tutti facessero certe cose. Scrivere delle frasi logiche seguendo il modello per il tempo dei verbi. (**Il condizionale e il congiuntivo**)

Esempio **Il dentista vorrebbe che tutti si lavassero bene i denti.**

La commessa			avere la macchina dal meccanico
Gli attori			sapere nuotare
Il Papa	volere		prendere cinque gelati al giorno
Il bagnino	desiderare	che tutti	essere onesti
Il gelataio	preferire		applaudire alla fine della commedia
L'insegnante			andare in chiesa ogni domenica
Il taxista			studiare sempre
Il poliziotto			spendere molto

1. _____

2. _____

3. _____

4. _____

5. _____

6. _____

7. _____

8. _____

H. Rispondere con frasi complete alle seguenti domande usando il congiuntivo e il condizionale. (**Il condizionale e il congiuntivo**)

1. Che cosa vorresti che facesse l'amministrazione della vostra università? _____
_____

2. Quale preferiresti: che i professori ti dessero più compiti e meno esami, o meno compiti e

più esami? _____
_____

3. Ti piacerebbe se non ci fossero i voti? Studieresti di più? _____
_____

4. Che cosa faresti se tu vedessi un altro studente che copiava durante un esame importante?
_____
_____

5. Che cosa avresti fatto se la tua università non ti avesse accettato/a? _____
_____

6. Avresti voluto frequentare un'altra università? Quale? _____
_____

I. Completare il dialogo con parole appropriate. (**Si dice così C**)

—Scusami, Adelina. Non sento niente. Puoi _____ il volume,
per piacere?

—Ma papà, questo è la mia _____ preferita. Non ti piace?

—Sai bene, Adelina, che io non sopporto la musica _____:
preferisco quella classica.

—Ma se ascolti un po'... La melodia è molto dolce e il _____ è
pieno di idee interessanti. Sembra una poesia!

—Ma quale poesia! Maledetto il giorno in cui ti ho comprato il _____! Non
trovo più pace.

—Hai ragione, papà. La musica di questa cantautrice è molto più bella dal
_____.

J. Abbinare le definizioni a sinistra con le parole modificate a destra. (**I suffissi**)

1. _____ un gran bel ragazzo   a. gattone
2. _____ un piccolo posto per i fiori   b. bellina
3. _____ una brutta cosa da dire   c. casetta
4. _____ un po' carina   d. poetastro
5. _____ un domicilio non molto grande   e. giovanotto
6. _____ una città piccola piccola   f. cucinetta
7. _____ un enorme nemico del cane   g. giardinetto
8. _____ uno scrittore senza talento   h. paesino
9. _____ una grossa automobile   i. parolaccia
10. _____ un piccolo posto per preparare da mangiare   j. macchinone

K. Definire le seguenti cose da mangiare e bere con frasi complete. (**I suffissi**)

Esempio spaghettini:
Sono degli spaghetti piccoli e fini.

1. minestrone: _____

2. insalatina: _____

3. orecchiette: _____

4. vinaccio: _____

5. gamberetti: _____

6. pastina: _____

7. carciofini: _____

8. broccoletti: _____

L. Rispondere alle domande con frasi complete. (**Si dice così D**)

1. Qual è la parte della discoteca dove si balla?

   _____

2. Come si chiama un posto dove i giovani s'incontrano?

   _____

3. Che cosa consumano le automobili?

   _____

4. Che cosa fanno i giovani che ballano come dei pazzi in discoteca?

   _____

5. Dove si può fare il pieno di benzina?

   _____

6. Come si chiama una strada su cui è possibile andare molto rapidamente?

   _____

7. Come si chiama una persona che guida una macchina?

   _____

M. Scrivere da quanto tempo le persone indicate fanno le azioni, come nel modello. (**La preposizione** *da*)

Esempio Rachele / fare l'attrice / dieci anni
           Rachele fa l'attrice da dieci anni.

1. Voi / fare i compiti / due ore _____

2. Riccardo / abitare a Napoli / molti anni _____

   _____

3. Simonetta e Alessia / pensare di andare in America / sei mesi _____

   _____

4. Tu / guardare la televisione / le sette e mezzo _____

   _____

5. Noi / conoscerci / sempre _____

6. Io / studiare l'italiano / otto mesi _____

N. Antonella ha molte commissioni da fare. Scrivere dove va in ogni situazione, come nel modello. (**La preposizione** *da*)

Esempio Antonella ha un problema legale da risolvere.
           Va dall'avvocato.

1. Antonella deve comprare insalata e carciofi per la cena.

   _____

2. Ha bisogno di qualche consiglio. Suo fratello è molto bravo in queste situazioni.

   _____

3. Antonella ha un dente che le fa male da una settimana.

   _____

4. Antonella non vede la nonna da parecchio tempo.

   _____

5. Vorrebbe comprare dei fiori da portare alla nonna.

   _____

6. I suoi capelli sono troppo lunghi.

   _____

Pratica comunicativa

A. **Non è possibile!** Fare un cerchio intorno alla lettera della risposta *non* logica.

1. Hai programmi per domani sera?
   a. Se fossi in te, non ci andrei.
   b. Sì, Massimo ed io assistiamo ad un concerto.
   c. No, sono assolutamente libero.

2. Il concerto è domani sera, e ho tanta paura di prendere una stecca!

   a. Non ti preoccupare; tutto andrà per il meglio.

   b. Non ti preoccupare; avete fatto tante prove.

   c. Non ti preoccupare; sei stonata come una campana.

3. Sono sicuro che qualcuno mi ha fatto il malocchio.

   a. Che forte!

   b. Infatti, sembra che tutte capitino a te!

   c. Ma tu sei superstizioso?

4. Ehi, ragazzi, avete visto che tempaccio?

   a. Hai ragione! Sta piovendo a dirotto.

   b. Hai ragione! Sembra abbandonato.

   c. Hai ragione! Che acquazzone!

5. Alessandra, attenta alla velocità!

   a. Piantala, Rosa! Sono un'ottima autista.

   b. Non voglio scatenarmi sulla pista.

   c. Se non ti piace come guido, scendi pure!

6. Non mi piace questa canzone di Pino Daniele.

   a. Ma tu non capisci un tubo di musica.

   b. Sì, è un po' fuori mano.

   c. Ma cosa c'entra Pino Daniele? Questo è Eros Ramazzotti.

B. **Un'intervista con...**   Hai un musicista preferito/una musicista preferita? Immaginare di essere questa persona, che risponde alle domande di un giornalista. Scrivere risposte logiche con informazioni precise o inventate.

GIORNALISTA   Di dove sei, originalmente?

TU   _____

GIORNALISTA   Ti è sempre piaciuta la musica, anche da bambino/a?

TU   _____

GIORNALISTA   Da quanto tempo canti/suoni il/la _____?

TU   _____

GIORNALISTA   Da piccolo/a, quali musicisti ammiravi?

TU   _____

GIORNALISTA   Hai fatto qualche music video? Com'è andato?

TU   _____

GIORNALISTA   Quale genere di musica preferisci?

TU   _____

GIORNALISTA   C'è una canzone che potresti ascoltare mille volte, senza stancarti (*get tired of it*)?

TU   _____

GIORNALISTA   Se tu potessi cambiare professione, cosa faresti?

TU   _____

GIORNALISTA   È difficile essere famoso/a, o ti piace?

TU   _____

C. **Un sondaggio cinematografico.** Il direttore di un cinema locale ha distribuito il seguente sondaggio perché vorrebbe sapere che cosa pensano i giovani del cinema di oggi. Compilare il sondaggio con risposte oneste.

TI PIACE IL CINEMA?

Vai spesso al cinema?   Sì / No   Quante volte all'anno? _____

Che genere di film preferisci? Metti un numero vicino al genere secondo la tua preferenza (1 per il preferito).

_____ fantascienza   _____ avventura   _____ romantico
_____ comico   _____ orrore   _____ film stranieri

Hai un/una regista preferito/a? Chi è? _____

Hai un attore preferito/un'attrice preferita? Chi è? _____

Scrivi i titoli degli ultimi tre film che hai visto. Sotto ogni titolo, scrivi il tuo giudizio (★★★ = da non perdere, ★★ = abbastanza bello, ★ = da lasciar perdere).
Poi scrivi una brevissima recensione di ogni film (1–2 frasi).

1. Titolo: _____   Giudizio: _____
   _____
   _____
   _____

2. Titolo: _____   Giudizio: _____
   _____
   _____
   _____

3. Titolo: _____   Giudizio: _____
   _____
   _____

Di solito, quanto spendi quando vai al cinema? _____

Compri anche da mangiare? _____ Che cosa? _____

D. Cinema o teatro. Cosa preferisci, andare a vedere un bel film al cinema o assistere ad uno spettacolo teatrale, dal vivo? Scrivere almeno due frasi per ogni categoria qui sotto.

Vantaggi del cinema: _____

_____

Vantaggi del teatro: _____

_____

Svantaggi del cinema: _____

_____

Svantaggi del teatro: _____

_____

Quale preferisci tu e perché? _____

_____

E. Se io fossi... Quale professione preferiresti seguire: attore/attrice, musicista o regista del cinema? Scrivere un breve paragrafo in cui parli dell'arte preferita e quello che faresti se tu fossi attore/attrice, musicista o regista.

_____

_____

_____

_____

_____

_____

_____

_____

_____

_____

_____

_____

F. **Andiamo all'opera!** Guardare il manifesto per una rappresentazione teatrale e poi fare l'attività che segue.

Associazione Culturale Medi@Musica

S. PAOLO ENTRO LE MURA

AMERICAN CHURCH • Roma - Via Nazionale (Angolo Via Napoli)

IL BARBIERE DI SIVIGLIA

Libretto di Cesare Sterbini • *Musica di G. Rossini*

24-31 Marzo 5-21-28 Aprile

Inizio Spettacoli ore 20.45

ORCHESTRA E CORO DELL' "ACCADEMIA d'OPERA ITALIANA"

Maestro concertatore e direttore: **Roberto Bongiovanni**, il 24-31 Marzo

Maestro concertatore e direttore: **Massimo Scapin**, il 5-21-28 Aprile

Regia: **Adele Lamonica** • Scene: **Michael Venuti** • Costumi: **Miriam Polesi**

Personaggi ed interpreti principali

Rosina	Il Conte di Almaviva	Bartolo
Caterina Novak	**Morfeo Breno - Stefano Osbat**	**Giorgio Carli**

Berta	Don Basilio	Figaro
Marilena Gatti	**B. Di Bagno - Donato Martini**	**Fabrizio Neri**

Per informazioni e prenotazioni - Information and reservation:
www.AssociazioneCulturaleMediaMusica.com
e-mail: mediamusica@katamail.com

Biglietti/Tickets: €25 (posto unico) • Studenti e ridotti/Students: €18

© Infoline e prenotazioni: dal lunedì al venerdì dalle 9.00 alle 19.30 06/4786804
Sabato ore 9.00-16.00 06/7820771
Tutti i giorni ore 9.00-19.30 0339/4584933 0348/3131146

La settimana scorsa sei andato/a a vedere *Il barbiere di Siviglia*. Raccontare l'esperienza menzionando i seguenti temi:

- quando ci sei andato/a e con chi
- dove ha avuto luogo lo spettacolo
- chi ha comprato il biglietto e quanto è costato
- chi erano gli interpreti

Usare la fantasia per raccontare come erano gli interpreti, i musicisti e lo spettacolo, se ti è piaciuto o no, e perché.

_____

_____

_____

_____

_____

_____

_____

G. **Un gioco musicale.**   Riempire gli spazi con le parole definite. Le ultime lettere delle parole indicate con i numeri, e le prime lettere delle parole indicate con le lettere (le lettere nei quadri) ti daranno le note della scala musicale.

1. _ _ _ _ | d o l o m i t i | a.
2. _ _ _ _ _ | | _ _ _ _ _ b.
3. _ _ _ _ | | _ _ _ _ _ c.
4. _ _ _ _ | | _ _ _ _ _ d.
5. _ _ _ | | _ _ _ _ _ e.
6. _ _ _ _ | | _ _ f.
7. _ _ | | _ _ _ _ _ g.
8. _ _ _ | | _ _ _ _ h.

1. con i capelli gialli; non bruno
2. un uomo che recita sul palcoscenico
3. tranquilli, rilassati
4. comica, divertente
5. il contrario di **alto**
6. minuscola; non grande
7. si scrive alla fine dell'università
8. il contrario di **freddo**

a. le montagne rosa delle Alpi
b. dirige il film
c. più buono
d. è composta di madre, padre, figli ecc.
e. suona da solo nell'orchestra
f. un tessuto pesante per le maglie
g. non doppia; per una persona
h. sette più cinque

UNITÀ 11 Leggere: RECITIAMO UNA POESIA!

Vocabolario e grammatica

A. Completare i seguenti mini-dialoghi in maniera appropriata. (**Si dice così A**)

1. —Hai già letto l'ultimo _____ di John Grisham?

   —No, non ancora. E tu?

2. —Mancano poche pagine e poi avrò finito di leggere questo libro. È molto lungo: ci sono

   venti _____.

   —Accidenti! Io sono arrivato soltanto al terzo!

3. —Non so proprio di cosa _____ questo libro. E tu?

   —Io l'ho letto l'anno scorso. Vuoi che io ti racconti _____?

4. —Preferisci la poesia di Montale o _____ di Pirandello?

   —La poesia di Montale!

5. —Chi è quella signora laggiù?

   —È una famosa _____. Scrive poesie bellissime.

6. —Devo usare l'_____ per ricercare la relazione sui poeti italiani.

   —Quale _____ ti serve, il primo o il secondo?

B. Completare il seguente brano con la forma corretta del verbo nel passato remoto.
(**Il passato remoto**)

Uno degli scrittori più importanti dell'ottocento (essere) _____

Alessandro Manzoni. Questo grande letterato (nascere) _____

a Milano nel 1785. (Scrivere) _____ opere teatrali e poesia

lirica, ma è conosciuto soprattutto per il suo romanzo storico, *I promessi sposi,* che

(avere) _____ un successo immediato ed (esercitare)

_____ un'enorme influenza sulla letteratura italiana. Quando

Manzoni (decidere) _____ di andare "a sciacquare i panni in

Arno," (fare) _____ capire che intendeva usare il toscano per le

sue opere. Da allora, il toscano (diventare) _____ definitivamente

la base della lingua italiana. Manzoni (morire) _____ nel 1873.

C. Rispondere alle seguenti domande usando i nomi e le date indicati. (**Il passato remoto**)

Esempio Chi inventò il telescopio?
Galileo lo inventò.

1945	Neil Armstrong	Firenze	1963
Cristoforo Colombo	Botticelli	Boccaccio	1914

1. Chi scoprì l'America? _____

2. Chi scrisse *Il Decameron*? _____

3. Quando finì la Seconda guerra mondiale? _____

4. Chi fu il primo uomo a camminare sulla luna? _____

5. Dove visse Petrarca? _____

6. Quando cominciò la Prima guerra mondiale? _____

7. Quando morì John F. Kennedy? _____

8. Chi dipinse *La Primavera*? _____

D. Scrivere le parole appropriate per ogni definizione. (**Si dice così B**)

1. Quando non c'è più di una cosa, per esempio, libri o biglietti: _____

2. Guardare rapidamente un libro: _____

3. È più economica della copertina rigida: _____

4. Una donna che legge un libro: _____

5. Una collezione o serie di libri: _____

6. Un libro con disegni o fotografie: _____

7. Dirige la pubblicazione di un libro: _____

E. Creare delle frasi usando i numeri ordinali, come nel modello. (**I numeri ordinali**)

Esempio (28) giorno
il ventottesimo giorno

1. (18) capitolo _____

2. (7) mese _____

3. (2) guerra mondiale _____

4. (13) piano _____

5. (5) strada _____

6. (21) secolo _____

7. (3) mondo _____

8. (200) anniversario _____

F. Scrivere il numero ordinale che corrisponde ad ogni numero cardinale, come nel modello. (**I numeri ordinali**)

Esempio Siamo al (2) **secondo** piano.

1. La (1) _____ guerra mondiale fu una guerra terribile.

2. Mio cugino fece una corsa in bicicletta—arrivò (6) _____.

3. La biblioteca festeggia il suo (100) _____ anniversario.

4. Per la (1.000) _____ volta, ti prego, non toccare il pianoforte!

5. Giovanni (23) _____ fu un papa molto amato.

6. *Enrico* (4) _____ è un dramma di Pirandello.

7. In Italia, la (3) _____ pagina del giornale è la pagina culturale.

8. La (9) _____ sinfonia di Beethoven mi piace tantissimo.

G. Sottolineare l'espressione corretta nelle seguenti frasi. (**Si dice così C**)

1. Un giornalista scrive (una rubrica / un poema / un cartellone).

2. Un mensile esce una volta (al giorno / alla settimana / al mese).

3. Quando una rivista offre un regalo, è in (omaggio / abbonamento / onda).

4. Il giornalaio vende i giornali (all'inserto / alla rubrica / all'edicola).

5. Quando un giornale ha una sezione speciale dedicata ad un argomento, si chiama (una rivista / un inserto / una rubrica).

6. Un periodico che una persona riceve regolarmente si chiama (un omaggio / un'edicola / un abbonamento).

H. Scegliere la forma giusta e poi scrivere risposte logiche per ogni domanda. (**che e quale**)

1. (Che / Quale) giornale preferisci?
   _____

2. (Che / Qual) è il tuo programma preferito?
   _____

3. (Che / Qual) è la data di oggi?
   _____

4. (Che / Quale) cosa hai programmato per stasera?
   _____

5. (Che / Quali) sport ti piacciono di più?
   _____

6. (Che / Quale) fanno gli studenti durante l'estate?
   _____

7. (Che / Qual) è il nome di quel ragazzo?
   _____

I. Completare il seguente dialogo con parole appropriate. (**Si dice così D**)

LA MAMMA   Davide, cosa guardi?

DAVIDE   Niente, un vecchio _____ americano, *Dawson's Creek*. È noiosissimo!

LA MAMMA   Posso cambiare il _____? Voglio vedere il _____ e sentire le notizie del giorno.

DAVIDE   Per me va bene. Il problema è che il _____ non funziona più e per cambiare il canale bisogna alzarsi. Che barba!

LA MAMMA   Ho un'idea! Perché non _____ il televisore e leggi un bel romanzo.

DAVIDE   Mamma, sei proprio spiritosa!

J. Trasformare le seguenti frasi dal discorso diretto al discorso indiretto, secondo il modello. (**Il discorso indiretto**)

   Esempio   "Noi andiamo al mare in agosto." Luigi dice che...
   Luigi dice che loro vanno al mare in agosto.

1. "Guardo il film e poi esco." Pietro ha detto che _____

   _____

2. "Leggerò questo romanzo appena possibile." Marina disse che _____

   _____

3. "Abbiamo cenato in questo ristorante." Loro hanno detto che _____

   _____

4. "Voglio riposarmi qui." La ragazza disse che _____

   _____

5. "Non saremo a casa oggi." I nostri amici dissero che _____

   _____

6. "Siamo stati contenti di rivederlo." Valeria e Sergio hanno detto che _____

   _____

7. "Non vengo con voi." Maria Cristina dice che _____

   _____

8. "Verremo con voi." Fabio dice che _____

   _____

9. "Io andrei volentieri all'Università Europea." Un mio amico ha detto che _____

   _____

10. "Domani parleremo della politica mondiale." La professoressa ha detto che _____

   _____

K. Pensare ai consigli che gli altri ti hanno dato in passato. Poi scrivere sei frasi che riportano queste cose, usando il discorso indiretto. Cominciare ogni frase con espressioni come: **Mio padre mi ha sempre detto che..., Una mia maestra** (*teacher*) **alle scuole elementari mi diceva che..., I miei amici mi dicono che...,** ecc.

1. _____
2. _____
3. _____
4. _____
5. _____
6. _____

Pratica comunicativa

A. Come rispondere? Fare un cerchio intorno alla risposta più appropriata.

1. Hai visto la figuraccia che Stefania ha fatto ieri alla festa?
   a. Sì, ha ballato proprio bene.
   b. Che vergogna! Aveva bevuto troppo.
   c. Bisogna affrontare con calma.

2. Hai sentito che Riccardo ha smesso di studiare?
   a. Lo so. Era stufo di leggere sempre.
   b. Lo so. È un ragazzo in gamba!
   c. Lo so. Ha un mucchio di libri.

3. Come vanno le cose oggi?
   a. Al mare.
   b. Andiamo a fare le commissioni in centro.
   c. Di male in peggio!

4. Per favore, mi dia l'ultimo numero di *Amica*.
   a. Mi dispiace, è esaurita.
   b. Mi dispiace, prenda pure.
   c. Mi dispiace, buona lettura.

5. Hai sentito? Il tuo giocatore preferito ha smesso di giocare a pallone.
   a. Questa sì che è una notizia bomba!
   b. Ora cambiamo canale.
   c. Chi si vede!

6. Allora tu ti concentrerai sulla poesia e io mi occuperò della prosa. D'accordo?
   a. Perfetto. Tanto preferisco i romanzi.
   b. Perfetto. Parlerò dei racconti di Calvino.
   c. Perfetto. Analizzerò alcuni sonetti del Duecento.

B. Tenersi aggiornati. Compilare il seguente sondaggio con l'informazione appropriata.

---

1. Ti consideri aggiornato/a sui fatti importanti del giorno?
   _____ Sì, molto informato/a.   _____ Abbastanza informato/a.
   _____ Un po' informato/a.   _____ Per niente.

2. Come ti mantieni aggiornato/a?
   _____ giornali e periodici   _____ radiogiornale
   _____ riviste settimanali di attualità _____ Internet
   _____ telegiornale   _____ altro _____

3. Leggi regolarmente un giornale? _____
   Quale? _____   Hai l'abbonamento? _____

4. Guardi regolarmente il telegiornale? _____
   Su quale canale? _____   A che ora? _____
   Giornalista preferito/a? _____

C. **Sabato sera davanti al televisore!** È sabato sera, e sei solo/a a casa. Queste sono le descrizioni di alcuni programmi della TV. Vicino ai titoli di ogni programma indicare un numero di preferenza (1 per il programma preferito, ecc.), poi scrivere perché ti interessa o no.

_____ Documentario: *Geo*. Il Kakadù, in Australia, è una delle aree naturali più belle del mondo.

_____

_____ Telefilm: *Star Trek*. Il Capitano Kirk viene rapito dai Borg.

_____

_____ Telequiz: *OK: Il prezzo è giusto!* Con Mike Buongiorno.

_____

_____ Sport: *TGS: Sportsera*. Tutte le notizie del giorno e "speciale" sul Giro d'Italia.

_____

_____ Soap opera: *Febbre d'amore*. Lance ha intenzione di dichiarare tutto il suo amore a Platinum ma sua suocera interviene.

_____

_____ Film brillante: *Letto a tre piazze* (Italia, 1960). Con Totò, Peppino De Filippo. Ritenuto morto in Russia, ritorna dopo anni e trova la moglie sposata con un altro.

_____

D. **Io e la televisione.** Scrivere un breve paragrafo spiegando il tuo atteggiamento (*attitude*) verso la televisione. La guardi spesso? Troppo spesso? Perché? Quali programmi ti piacciono di più? La televisione può avere effetti positivi o negativi? Come? Scrivere almeno otto frasi.

_____

_____

_____

_____

_____

_____

_____

_____

_____

_____

E. **Un capolavoro e un mattone** (*difficult, heavy book*)! Ecco alcuni messaggi di un forum di studenti (*student message board*) sulla *Divina Commedia* di Dante. Leggere i messaggi e poi rispondere alle domande.

_____

Giangiacomo P, Como
All'inizio sembrava noioso...ma letto con un professore e con l'aiuto delle note della versione scolastica allora la divina commedia ti fa tornare nel passato e ti appassiona...cmq dante è secondo me lo scrittore più interessante che abbia mai studiato.

_____

_____

Beatrice V, Catania
Caro Dante Alighieri, sai che durante le vacanze di natale devo studiare tutta la seconda cantica della D.C.? Grazie per il tuo regalo di natale. Cmq che erba ti fumavi per vedere tutte quelle cose sui tre regni ultraterreni? Secondo me tu sei finito all'inferno insieme ai traditori della patria perché ci costringi a leggere e studiare tutta la divina commedia a noi italiani...nessuno si salva dall'inferno di Dante!!!

_____

Aida S, Venezia
Non credo che per essere un grande poeta si debba scrivere un fiume di parole spesso incomprensibili e considerare la donna come una dea da venerare.

_____

Federica N, Brindisi, 13 anni
Secondo me Dante Alighieri è il migliore autore della letteratura italiana. Ho studiato alcuni passi della Divina Commedia e anche se sono solo in seconda media mi sono appassionata a Dante Alighieri. È mitico!

_____

Nicoletta F, Caserta
È il mio poeta preferito anche se un po' complicato. Mi affascina la sua storia d'amore con Beatrice. Ho visitato Firenze e la sua casa è come la immaginavo.

_____

Roby, Napoli
Ma chi dice che la Divina Commedia è una seccatura? Io la trovo un'opera straordinaria, la studierei un miliardo di volte. Non mi stancherò mai di leggerla. Un bacio a tutti.

_____

Giulia A, Bologna
È sicuramente un capolavoro della letteratura italiana, ma è anche un autentico "mattone"!!!! Non potevi farla più corta la divina commedia? SCHERZO...DANTE, SEI UN GRANDE!!!

_____

1. Quando Giangiacomo ha cominciato a leggere *La Divina Commedia*, gli piaceva? Ha cambiato idea?

_____

_____

2. Qual è l'opinione di Beatrice? Perché mette Dante nell'inferno tra i traditori della patria?

_____

_____

3. La *Commedia* non piace a Aida per due ragioni. Quali?

_____

_____

4. Quando Federica ha cominciato a leggere la *Commedia*? Le piace?

_____

5. Perché la *Commedia* piace tanto a Nicoletta?

_____

6. Cosa ne pensa Roby? Quante volte ha letto la *Commedia*?

_____

7. Perché per Giulia la *Commedia* è un mattone?

_____

Buongiorno. Per piacere, ci parli del Suo mestiere.
Io attualmente insegno all'università di Siena. Lavoro al dipartimento di Lingue e Letterature classiche. Però la mia attività letteraria, se si può chiamarla così, è molto più ampia. Dirigo una rivista letteraria che si chiama *Semicerchio*, e sono uno dei fondatori di un gruppo di poeti che si chiama *Il Cenobio fiorentino*.

Quali sono alcune attività del Cenobio?
Dunque, il Cenobio fiorentino è nato dieci anni fa, quando un gruppo di noi studenti universitari, appassionati di poesia, abbiamo pensato di cominciare a tradurre in italiano poesie straniere, cioè inglesi, francesi, tedesche. Volevamo pubblicare la poesia, renderla accessibile alla gente. Così è nata la rivista *Semicerchio*. Poi abbiamo anche organizzato letture di poesia in librerie famose qui a Firenze, o nei palazzi antichi del Rinascimento che fanno da sfondo° ad una serata interessante, stimolante.

background, setting

Perché tanta passione per la poesia ... com'è nata?
C'è da dire che alcuni di noi sono poeti, e che ogni tanto pubblichiamo anche noi. Poi, anche la traduzione di una poesia è un lavoro creativo, perché è davvero difficile se non addirittura° impossibile rendere il linguaggio poetico da una lingua ad un'altra. È un lavoro sottile,° bisogna conoscere benissimo le due lingue e amare le parole.

actually

subtle

E quali sono i programmi dei futuri incontri?

Abbiamo organizzato per il prossimo mese un corso di "scrittura creativa," cioè, abbiamo invitato alcuni poeti italiani a condurre un seminario con dei principianti.° Sarà un mese intensivo di incontri, letture e lavoro creativo. Credo che ci divertiremo tanto!

beginners

F. Rispondere alle seguenti domande.

1. Che lavoro fa Francesco Stella?

   _____

2. In che cosa consiste l'attività letteraria di Francesco Stella?

   _____

3. Qual è la storia del gruppo di poeti del Cenobio fiorentino?

   _____

4. Quali sono alcune attività che Francesco ha organizzato?

   _____

5. Credi che sia difficile tradurre la poesia? Perché?

   _____

6. In che cosa consisterà il corso di "scrittura creativa"? Per chi è stato organizzato?

   _____

G. Cosa leggere?   Sei un commesso/una commessa in una libreria. Come rispondi ai clienti che ti chiedono i seguenti consigli? Scrivere frasi complete.

—Durante l'estate mi piace rilassarmi vicino alla piscina. Voglio leggere una cosa leggera e comica. I classici non mi interessano. Cosa mi raccomanda?

_____

_____

—Veramente non mi piace molto leggere, ma voglio fare bella figura con le ragazze sulla spiaggia. Voglio che tutte mi credano molto intelligente. Le ragazze vanno pazze per gli uomini intelligenti, no? Quale libro devo portare per fare bella figura?

_____

_____

—Quando fa caldo, amo leggere qualcosa di eccitante... non so, un giallo forse, o una storia di spionaggio. È uscito recentemente qualcosa di interessante?

_____

_____

—Mi piacerebbe trovare uno di quei lunghi romanzi sentimentali, con grandi amori, famiglie separate. Ecco... voglio qualcosa che mi faccia piangere come una pazza alla fine. Che cosa mi suggerisce?

_____

_____

H. "Benvenuti alla mia vita!"   Un produttore della televisione ti ha contattato per creare un telefilm comico sulla tua vita. Scrivere una breve descrizione del programma con il titolo, i personaggi, dov'è ambientato e la trama di due episodi tipici.

Titolo: _____

Protagonista: Nome: _____   Descrizione: _____

Altri personaggi: Nome: _____   Descrizione: _____

   Nome: _____   Descrizione: _____

Scena (dove): _____

Episodio 1: _____

_____

_____

_____

Episodio 2: _____

_____

_____

_____

I. **Cruciverba televisivo.** Completare il puzzle con le parole definite.

Orizzontali

3. Una paura mortale
6. Passato remoto di **vedere,** terza persona plurale
9. Pronome che significa "a noi"
10. La ragazza numero cinque
11. Dove si comprano i libri
14. "Questa è davvero una notizia _____!"
15. La signorina numero tre
16. La particella centrale di un periodo ipotetico
18. Cioccolatini della Perugina o segni di affetto
19. Arancione, azzurro e viola
20. La signora numero 9
21. "Le cose vanno di male in _____!"
22. Trenta secondi di pubblicità

Verticali

1. Pronunciare, raccontare
2. Passato remoto di **fare,** prima persona singolare
4. Un periodo di dodici mesi
5. Dove si comprano giornali e riviste
7. Un ponte famoso a Venezia
8. Scrisse *La Divina Commedia*
10. Il ragazzo numero 4
12. Un giornalista può scrivere una _____ su un giornale.
13. Una persona capace e dinamica è "in _____".
16. Un periodo di cento anni
17. Passato remoto di **volere,** terza persona singolare

UNITÀ 12 Sognare: IMMAGINIAMO IL FUTURO!

Vocabolario e grammatica

A. Completare la descrizione del governo italiano adoperando il seguente schema. (**Si dice così A**)

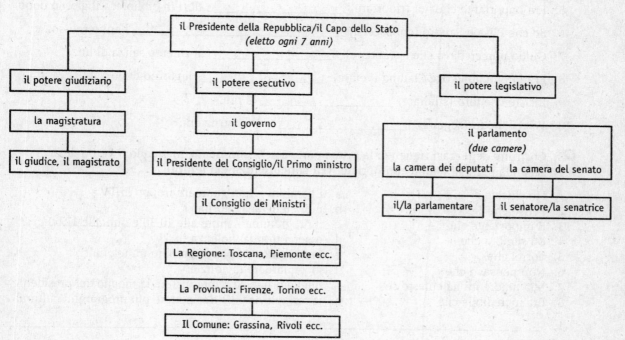

Il sistema governativo in Italia ha tre parti o poteri: il potere _____,

che crea le leggi; il potere _____, che dirige il Paese, e il potere

_____, che rappresenta la giustizia. Il potere legislativo è composto da

due camere: il _____ e la camera dei _____. Queste due

camere insieme si chiamano il _____. Il potere esecutivo è composto dal

Presidente della Repubblica, che si chiama anche il _____, il Presidente

del Consiglio, o _____, e tutti i ministri. Il potere giudiziario è composto

dalla _____ con tutti i _____.

B. Sottolineare la parola o espressione corretta. (**Si dice così A**)

1. Un gruppo di politici con ideologie simili si chiama (un popolo / un partito / un'elezione).

2. I cittadini partecipano direttamente nella vita politica del Paese quando (protestano / si lamentano / votano).

3. I problemi ambientali dell'acqua o dell'aria sporca sono questioni di (magistrati / inquinamento / potere).

4. Chi vuole protestare contro un'azione del governo può organizzare una (camera / magistratura / manifestazione).

5. Le persone che vivono in un paese si dicono il (popolo / costume / partito).

C. Completare le seguenti frasi con la forma corretta del verbo fra parentesi. (**La concordanza dei tempi**)

1. Piero domanda se noi (andare) _____ in centro domani.

2. Quest'estate io e la mia ragazza andremo in Europa se (avere) _____ i soldi.

3. Giorgio ha chiesto se Franca gli (telefonare) _____ la settimana prossima.

4. Dubitavo che voi (sentire) _____ mai _____ parlare di quel cantautore.

5. Era importante che noi (riportare) _____ i libri in biblioteca il giorno dopo.

6. So che Elisa e Sandro (conoscersi) _____ l'anno scorso.

7. Guido non credeva che io (andare) _____ al cinema senza di lui.

8. Era improbabile che Claudia (venire) _____ il giorno dopo.

9. Insisto che loro (studiare) _____ di più.

10. Vorrei che tu (seguire) _____ le mie istruzioni.

D. Costruire delle frasi riunendo la prima parte con la seconda, e mettendo il verbo della seconda parte al tempo appropriato. (**La concordanza dei tempi**)

1. Ho chiesto se
2. Penso che
3. È importante che
4. Mi sembra che
5. Vorrei che
6. Non pensavo che
7. Mia madre mi ha chiesto se
8. Era incredibile che

a. i bambini / non guardare troppo la TV
b. noi / tenersi aggiornati
c. il programma / finire alle 10.30 e non alle 11.00
d. esserci troppa violenza in TV
e. i miei amici / volere guardare un telefilm
f. io / guardare le notizie
g. quel giornalista / intervistare la moglie del presidente
h. le reti televisive / trasmettere più programmi culturali

1. _____

2. _____

3. _____

4. _____

5. _____

6. _____

7. _____

8. _____

E. Completare la frase in un modo logico. (**La concordanza dei tempi**)

1. Pensavo che la gente in Italia...

_____

2. I miei amici mi hanno detto che...

_____

3. Avrei voluto che mia sorella...

_____

4. I giornali dicono sempre che...

_____

5. Da bambino io credevo che...

_____

6. Prima di quest'anno non sapevo che...

_____

7. Mi piacerebbe che tu...

_____

8. Ho chiesto ai miei amici se...

_____

F. Scrivere una parola che corrisponde a ogni definizione. (**Si dice così B**)

1. Fare un confronto tra due cose: _____

2. Una generalizzazione banale, troppo semplificata: _____

3. Quasi uguale: _____

4. Dimostrare orgoglio in una cosa: _____

5. Un'inchiesta per scoprire informazioni: _____

6. Accettare una cosa; essere soddisfatto/a: _____

7. Molto serio: _____

8. Tipico, normale: _____

G. Cambiare le seguenti frasi dalla forma attiva alla forma passiva. (**La voce passiva**)

Esempio   Qualcuno ha cambiato la legge.
            La legge è stata cambiata.

1. Qualcuno ha letto l'articolo di Umberto Eco.

_____

2. Qualcuno studierà la lezione stasera.

_____

3. Domani qualcuno eleggerà il nuovo governo.

_____

4. Qualcuno ha fatto un'intervista al politico.

_____

5. Qualcuno ha preparato una bella cena per il mio compleanno.

_____

6. Qualcuno ha pubblicato l'articolo di un mio amico.

_____

7. Qualcuno metterà dei fiori sulla tomba dei soldati morti in guerra.

_____

8. Qualcuno costruirà un nuovo edificio in centro.

_____

9. Qualcuno vede spesso il sindaco in bicicletta.

_____

10. Qualcuno preparava il discorso.

_____

H. Scrivere chi ha fatto le seguenti cose in preparazione per una festa. Usare la forma passiva. (**La voce passiva**)

Esempio   Patrizia ha chiamato gli amici.
   Gli amici sono stati chiamati da Patrizia.

1. Marco ha mandato gli inviti.

_____

2. Silvia ha pulito la casa.

_____

3. Mirella ha preparato la pasta.

_____

4. Daniele ha portato una bottiglia di vino.

_____

5. Lucia e Fabio hanno comprato una torta.

_____

I. Completare il brano con parole o espressioni appropriate. (**Si dice così C**)

immagine	immigrati	integrati
offensive	patrimonio	pregiudizi
radici	rinunciare	fastidio

Sono molto orgogliosa delle mie _____ italiane e il

_____ storico e culturale di questo grande paese. Ma devo dire

che mi dà molto _____ quando sento certe generalizzazioni

_____ sugli Italiani e gli Italo-americani. Alcuni dicono che

gli Italiani non si sono _____ completamente nella società

americana, che non vogliono _____ i vecchi costumi. Poi

ci sono certi _____ creati dai mass media, per esempio

l'_____ dell'Italiano mafioso di molti film. Gli Americani devono

sempre ricordare che siamo tutti _____, in un certo senso.

J. Rispondere alle domande con frasi complete. (**Si dice così D**)

1. Qual è un altro modo per dire "arrivare" o "realizzare un obiettivo"?

_____

2. Chi rappresenta lo Stato italiano all'estero?

_____

3. Cosa fai quando immagini come sarà il futuro?

_____

4. Chi lavora all'ambasciata?

_____

5. Cos'è la UE?

_____

6. Quali qualità dovrebbe possedere un funzionario di un consolato?

_____

Pratica comunicativa

A. Ieri, oggi e domani. Le seguenti frasi vengono da tre diverse conversazioni di quattro battute ognuna. In una, due giovani parlano del passato. In un'altra parlano del presente e nell'ultima parlano del futuro. Trovare le battute che formano le tre conversazioni, e poi riscriverle secondo un ordine logico.

—Secondo me, il problema fondamentale è l'apatia del popolo.
—Si dice che con la UE i paesi europei perderanno il loro carattere individuale.
—Speriamo che gli altri impareranno l'italiano!
—Credevano al mito dell'America con le strade pavimentate di oro
   (*streets paved with gold*)?
—Credo che siano venuti alla fine del XIX secolo.
—E tu credi che sarà così?
—Forse. È vero che tutti dovranno conoscere le lingue straniere.
—Ma cosa si può fare?
—No, erano più realisti. Sono venuti per le opportunità di lavoro.
—Non lo so. Ma mi piacerebbe che tutti avessero qualcosa in cui credere.
—Quale credi che sia il problema più grave in Italia?
—Quando sono venuti in America i tuoi antenati?

1. _____

_____

_____

_____

2. _____

_____

_____

_____

3. _____

_____

_____

_____

B. **Un anno in Italia.** Sei andato/a in Italia per studiare le scienze politiche. Alla fine dell'anno accademico, un tuo professore all'università vuole rivolgerti alcune domande. Usare la fantasia e rispondere alle domande del professore.

PROFESSORE   Allora, Le è piaciuto vivere in Italia?

TU   _____

PROFESSORE   Le dispiace dovere tornare al Suo paese, dopo quest'anno in Italia?

TU   _____

PROFESSORE   Che cosa Le mancherà di più dell'Italia?

TU   _____

   _____

PROFESSORE   Ha trovato interessante studiare la politica qui in Italia? Perché?

TU   _____

   _____

PROFESSORE   Secondo Lei, qual è la differenza più grande tra i giovani americani e quelli italiani?

TU   _____

   _____

PROFESSORE   Tornerà in Italia un giorno?

TU   _____

   _____

C. **Più famiglia, meno denaro.** La famiglia è considerata il più importante fattore di felicità. Si vedono i dati del sondaggio del 27 febbraio scorso su un campione di 800 persone rappresentative dell'intera popolazione.

1. Lei si sente molto, abbastanza, poco o per niente felice?

Molto	31,4%
Abbastanza	44,3%
Poco	20,5%
Per niente	2,3%

2. Si sente più felice oggi o ritiene di essere stato più felice in passato?

Più felice oggi	46,3%
Più felice in passato	31,7%
Allo stesso modo	18,8%

3. Ritiene che domani potrebbe essere più felice?

Sì 59,8%
No 27,1%
Non lo so 22,0%

4. Che cosa, secondo Lei, può dare la felicità?

La famiglia	52,0%
La salute	44,5%
I figli	31,0%
L'amore	28,7%
Avere fede in Dio	21,8%
Il benessere economico	19,5%
Vivere in pace	15,5%
Sentirsi autonomo	12,0%
Servire gli altri	9,7%
Il successo	8,3%
Sentirsi parte di un movimento collettivo	5,5%
Il sesso	2,9%
L'avventura	2,2%
I divertimenti	1,4%
Avere potere sugli altri	0,5%

1. Quante persone hanno risposto al sondaggio?

   _____

2. Quale percentuale degli intervistati si sente abbastanza felice?

   _____

3. Quale percentuale spera di essere più felice in futuro?

   _____

4. Quale percentuale crede di essere stato più felice in passato?

   _____

5. Da questi dati, tu credi che il popolo italiano sia abbastanza ottimista di natura? Perché?

   _____
   _____

6. Se questo sondaggio fosse stato eseguito negli Stati Uniti, credi che i risultati sarebbero stati
   diversi? Come?

   _____
   _____
   _____

D. Cosa può dare la felicità?   Guardare la scheda 4 del sondaggio riportato qui sopra. Se
tu dovessi rispondere alla domanda "Che cosa, secondo Lei, può dare la felicità?," come
risponderesti? Scegliere cinque dei temi menzionati, metterli in ordine d'importanza e
spiegare la tua scelta. Puoi anche aggiungere un nuovo tema se quelli menzionati non ti
sembrano sufficienti.

1. _____: perché _____
   _____

2. _____: perché _____
   _____

3. _____: perché _____
   _____

4. _____: perché _____
   _____

5. _____: perché _____
   _____

E. Italo-americani e l'Italia. Ecco due pubblicità prese da un periodico stampato a New York per la comunità italo-americana. Guardare le pubblicità e poi rispondere alle domande con frasi complete.

1. Le pubblicità dimostrano due modi in cui gli Italo-americani mantengono contatto con il "vecchio continente." Quali sono?

2. Che cosa offre l'agenzia P. Morrone Travel alla clientela?

3. Quanto costa il volo andata e ritorno da New York a Milano? E quanto costa solo l'andata?

4. Quali sono alcune linee aeree che tu conosci che volano in Italia dagli Stati Uniti?

5. Quale servizio offre "Mondo Italiano"?

6. Quali sono alcuni dei programmi che gli Italo-americani possono vedere con "Mondo Italiano"?

F. **Immigrati ed emigrati.** Secondo te, è importante che gli Italo-americani rimangano fedeli alle radici italiane, o è meglio integrarsi nel *melting pot* americano? Oppure sarà possibile fare tutte e due? Spiegare la tua opinione in un paragrafo di almeno sei frasi.

_____

_____

_____

_____

_____

_____

G. **Prima e ora.** Scrivere quattro cose che tu pensavi dell'Italia e degli Italiani prima di seguire questo corso, e quello che sai ora.

Prima pensavo che...   **Ora invece so che...**

1. _____   _____

   _____   _____

2. _____   _____

   _____   _____

3. _____   _____

   _____   _____

4. _____   _____

   _____   _____

H. Logica genealogica. Michele Antonellis e Adriana Dacci sono due giovani amici italo-americani orgogliosi di essere italiani "al cento per cento." Recentemente hanno fatto delle ricerche per scoprire più informazioni sui loro antenati. Fra i documenti che hanno trovato, c'erano i certificati di matrimonio di tutti i nonni. Usando lo schema qui sotto, scrivere i nomi dei nonni paterni e materni dei due giovani, e la città italiana dove si sono sposati.

```
┌─────────────────────────────────────────────────────────────┐
│        Paterni                          Materni               │
│   _____ e _____        _____ e _____      │
│                                                               │
│   _____                     _____                   │
│                  sposati a                                    │
│   _____                     _____                   │
│              Michele Antonellis                               │
└─────────────────────────────────────────────────────────────┘
```

```
┌─────────────────────────────────────────────────────────────┐
│        Paterni                          Materni               │
│   _____ e _____        _____ e _____      │
│                                                               │
│   _____                     _____                   │
│                  sposati a                                    │
│   _____                     _____                   │
│                 Adriana Dacci                                 │
└─────────────────────────────────────────────────────────────┘
```

1. Livia Fusco non è la nonna che si è sposata a Bari.

2. Salvatore Dacci è il nonno di Adriana, ma non si è sposato nel sud d'Italia.

3. Rita e Luigi non si sono mai conosciuti.

4. Enzo De Pasquale non è mai stato ad Avellino.

5. Il nonno materno di Michele si è sposato a Bari.

6. Giuseppina si è sposata ad Avellino.

7. Uno dei nonni si chiama Roberto, ma la moglie di Roberto non si chiama Livia.

8. Olimpia non è la nonna che si è sposata a Torino.

9. Una coppia si è sposata ad Ischia.

Lab Manual

UNITÀ
P   Per cominciare

Per la pronuncia

The alphabet

A. **L'alfabeto italiano.**   Listen and repeat each letter of the Italian alphabet after the speaker.

a	b	c	d	e	f
g	h	i	l	m	
n	o	p	q	r	
s	t	u	v	z	

Several letters of foreign origin are used in Italian. Repeat each letter you hear after the speaker and then write it.

_____ _____ _____ _____ _____

There are five Italian vowels. Listen and repeat each vowel after the speaker.

a   e   i   o   u

B. **Come si scrive... ?**   Listen and write the letters that you hear. Then repeat the word that they form after the speaker.

1. _____
2. _____
3. _____
4. _____
5. _____

C. **Ad alta voce.**   Repeat the simple phrases that you hear, imitating the speaker.

1. Buongiorno, Raffaella!
   Salve!

2. Come sta, signor Carlini?
   Non c'è male, grazie.

3. Ciao, Anna! Come stai?
   Benone, e tu?

Attività per la comprensione

D. **La festa.** You will hear three introductions at a party. Listen to each conversation and decide whether it is formal or informal. Then mark an **X** in the appropriate category.

Formal   **Informal**

1. _____   _____

2. _____   _____

3. _____   _____

E. **Di dove sei?** You will hear three conversations. Listen carefully to each one to discover where the speakers are from, and write the name of the city.

1. ENRICO   _____

    LILIANA   _____

2. DOTTORESSA GALLETTI   _____

    SIGNORE   _____

3. MARIA CASTOLDI   _____

    ALBERTO DE SANTIS   _____

F. **Il primo giorno di lezione.** Two students are meeting in Italian class on the first day of school, but you will only hear what one student is saying. As you listen, number the responses in the order that logically completes the conversation. Read the responses before listening to the student. You may have to listen more than once.

_____ Piacere.

_____ Sono di Catania.

_____ Molto bene, grazie!

_____ Elisabetta. E tu?

_____ Salve.

G. **I numeri.** Listen and write the number that you hear.

1. _____   5. _____

2. _____   6. _____

3. _____   7. _____

4. _____   8. _____

Now stop the recording and write the word for each number.

H. **Telefonami!** (*Call me!*) Listen to the following people and write their phone numbers. Don't worry if you don't understand every word the person says; just jot down the phone number.

1. _____

2. _____

3. _____

4. _____

UNITÀ 1 — Visitare: SIAMO A ROMA!

Incontri

The **Incontri** conversations will be read without pauses. Pay close attention to the speakers' intonation and pronunciation.

Incontro A.   Roma, Città Eterna!, text page 20.
Incontro B.   Benvenuta a Roma!, text page 27.
Incontro C.   Un po' di riposo, text page 35.

Per la pronuncia

The sounds c and g

In Italian, **c** and **g** have a hard sound before the vowels **a, o,** and **u**. They have a soft sound before **e** and **i**. To make a hard **c** or **g** sound before **i** or **e**, an **h** is inserted between the **c** or **g** and the vowel.

A.   Nomi italiani.   Listen and repeat each pair of names after the speaker. Note the difference between the soft and hard sounds.

1. Lucia   Luca
2. Cecilia   Carlo
3. Ciro   Marco
4. Giulia   Guglielmo
5. Gianni   Gabriele
6. Giovanna   Ugo

B.   Ad alta voce!   Listen and repeat each word after the speaker, paying close attention to the pronunciation of the **c** and **g** sounds.

dolce	cinema	cappuccino
giorno	oggi	gelato
Chianti	perché	parmigiano
spaghetti	ciao	chiesa

C.   La geografia italiana.   Listen and repeat the name of each geographical location after the speaker. Then write **H** next to the word if the **c** or **g** sound is hard, and **S** if it is soft.

1. _____ Calabria
2. _____ Lecce
3. _____ Gubbio
4. _____ Sicilia
5. _____ Como
6. _____ Genova
7. _____ Gorizia
8. _____ Foggia
9. _____ Cuneo
10. _____ Lago di Garda
11. _____ Bordighera
12. _____ Ischia

D. Il pappagallo (*parrot*).   Listen and repeat the following sentences that contain soft **c** and **g** sounds.

C'è molta gente in città.
Mangiamo un gelato?
Oggi pomeriggio Giorgio gioca a calcio.
In cucina c'è un dolce al cioccolato.
C'è un cinema qui vicino?

E. Senti chi parla!   Listen and repeat the following sentences that contain hard **c** and **g** sounds.

Come stai, Carlo?
Fa caldo in Calabria.
Che cosa compri?
Perché i musei sono chiusi di domenica?
—Cuciniamo gli spaghetti?   —D'accordo.

Attività per la comprensione

F. Una visita a Roma.   Listen to the following conversation between Teresa and Giusi, who are discussing their plans for their visit to Rome. Then circle the activity they have planned for each day. Read the list of activities before listening to the conversation.

lunedì	andare ai musei Vaticani
	andare a fare shopping in Via Condotti
martedì	andare al Pantheon
	visitare il Vaticano
mercoledì	incontrare Marco e Riccardo
	visitare il Pantheon e Piazza Navona
giovedì	mangiare una pizza
	andare in discoteca
venerdì	visitare il Pantheon e Piazza Navona
	ballare in discoteca
sabato	visitare il Colosseo e i Fori romani
	andare al Vaticano

G. **All'aeroporto.**   You will hear a conversation between a ticket agent for Alitalia and a passenger. Fill in the information the passenger provides on the computer screen. You may have to listen to the conversation more than once. Don't worry if you don't understand every word; just concentrate on obtaining the information needed and look at the computer screen before you begin.

Passeggero n. 231

VOLO: Alitalia _____
DESTINAZIONE: _____
COGNOME: _____
NOME: _____
RESIDENTE IN: _____
CITTÀ: _____
NAZIONE: _____
TELEFONO: _____

H. A teatro. Listen to the following recorded message giving the names of shows and the dates of their runs. Then fill in the start and end dates for each show listed. Don't worry if you don't understand every word; just concentrate on filling in the schedule.

Teatro

Vita di Galilei, di Bertolt Brecht:
dal _____ al _____
alle ore _____

Sei personaggi in cerca d'autore, di Luigi Pirandello:
dal _____ al _____
alle ore _____

Filumena Marturano, di Eduardo De Filippo:
dal _____ al _____
alle ore _____

Mistero buffo, di Dario Fo:
dal _____ al _____
alle ore _____

I. Buon compleanno! Listen to the following people introduce themselves. Write the dates of their birthdays and their ages.

	Data di compleanno	Età
Teresa	_____	_____
Gianni	_____	_____
Salvatore	_____	_____
Enza	_____	_____

Studiare: IMPARIAMO L'ITALIANO!

Incontri

The **Incontri** conversations will be read without pauses. Pay close attention to the speakers' intonation and pronunciation. Then play it again and talk simultaneously with the speaker, trying to imitate the pronunciation patterns.

Incontro A. In aula, text page 60.
Incontro C. Il corso di laurea, text page 77.
Incontro D. Insegnanti futuri, text page 85.

Per la pronuncia

The sounds *gn* and *gl*

In Italian, the letters **gn** are pronounced like the *ny* in *canyon*, or as in the word **lasagna.** The letters **gl** are pronounced as in the *ll* in *million.*

A. Ad alta voce!   Listen and repeat each word after the speaker.

Bologna	cognome	signore
Cagliari	giglio	figlio
gnocchi	Spagna	

B. Orecchio alla pronuncia!   Listen and repeat each pair of words, paying attention to the pronunciation of the **gn** and **gl** sounds.

1.	montagna	Montana	4.	aglio	olio
2.	vigna	vino	5.	voglio	volo
3.	sogno	sono	6.	maglia	mela

C. Il pappagallo.   Listen and repeat the following phrases. Pay particular attention to the pronunciation of the **gn** combination.

Non facciamo gli gnorri.

Ho mangiato una montagna di gnocchi.

Il signore spagnolo sogna una villa con vigna.

D. Senti chi parla!   Listen and repeat the following phrases. Pay particular attention to the pronunciation of the **gl** combination.

Non voglio il pollo all'aglio; voglio gli zucchini.

È meglio una maglia calda per non pigliare freddo.

Gli studenti vogliono voti migliori.

Attività per la comprensione

E. **Di che cosa hai bisogno?**   Pino and his mother are discussing what things Pino needs to get before the first day of school. Listen to their conversation and circle the items listed that he needs to buy. Read the list of items before listening to the conversation.

zaino	bicicletta	penne
esercizi	computer	gesso
lezione	libri	matite
quaderni	appunti	finestra

F. **Dov'è l'insegnante?**   It is the first day of school and Mario is looking for his new teacher. Listen to his description of her and place a check mark below the drawing that fits the description. You may have to listen to the description more than once.

1. _____   2. _____   3. _____

G. **Scambi culturali.**   Angelo is applying to be an exchange student. Listen to the following interview and take notes. Write at least three adjectives that describe him and at least three things that he likes to do. You may have to listen to the conversation more than once.

Aggettivi: _____

Gli piace: _____

_____

_____

H. **A chi piace?**   Vincenzo and Elisa are discussing which courses to take this year. Listen to their conversation and, based on what you hear, mark an **X** in the appropriate columns in the chart to indicate their likes and dislikes.

	A Vincenzo		A Elisa	
	piace	**non piace / non piacciono**	**piace**	**non piace / non piacciono**
leggere				
i compiti				
la matematica				
la poesia				
i bambini				
viaggiare				

I. **Cosa fanno?** Silvia and Luigi work in a law office. Listen to them describe what they do. Then write an **S** next to the tasks Silvia does, and an **L** next to Luigi's tasks.

1. _____ rispondere al telefono

2. _____ scrivere lettere

3. _____ prendere appunti durante una riunione (*meeting*)

4. _____ aprire l'ufficio al mattino

5. _____ preparare il caffè

6. _____ spedire le lettere

7. _____ chiudere l'ufficio la sera

8. _____ organizzare la scrivania dell'avvocato

UNITÀ 3 Abitare: ANDIAMO A CASA MIA!

Incontri

The **Incontri** conversations will be read without pauses. Pay close attention to the speakers' intonation and pronunciation. Then play it again and talk simultaneously with the speaker, trying to imitate the pronunciation patterns.

Incontro A. **Preparativi per le nozze,** text page 100.
Incontro B. **A casa di Luca,** text page 108.
Incontro D. **Le commissioni in centro,** text page 123.

Per la pronuncia

Word stress

Most Italian words are stressed on the penultimate, or next-to-last, syllable. When words are stressed on the last syllable, there is an accent mark on the final vowel of that syllable to indicate the stress. Some words are stressed on the terzultimate (third-to-last) syllable or even before. These are called **parole sdrucciole**.

A. **Ad alta voce!**   The following words are stressed on the penultimate syllable. Listen and repeat each word after the speaker.

   lezione   problema   bicicletta   studente   quaderno   appunti

The following words are stressed on the last syllable. Listen and repeat each word after the speaker.

   città   caffè   falò   virtù   parlò   università

The following words are **parole sdrucciole**. Listen and repeat each word after the speaker.

   poetica   cattedra   elettrico   logico   doppia   povero

B. **Orecchio alla pronuncia!**   Listen and repeat each word after the speaker; then underline the syllable that is stressed.

1. scuola	5. macchina	9. piccolo	13. compito
2. isola	6. psicologo	10. amico	14. domanda
3. libro	7. bambino	11. simpatica	15. difficile
4. repubblica	8. stereo	12. semplice	

C. Frasi conosciute. Listen and repeat the following well-known phrases. Pay particular attention to the words stressed on the last syllable.

le sette virtù
la luna e i falò
l'università degli studi
un buon caffè
la Repubblica italiana

D. Il pappagallo. Listen and repeat the following phrases. Pay particular attention to where the words are stressed. Then underline the **parole sdrucciole**.

Dopo l'università andrò a vivere in città.
La poetica di Dante cambiò la lingua italiana.
Mio zio lavorò a Cantù.
Machiavelli parlava di fortuna e virtù.
Il compito è difficile.
L'amico del bambino piccolo è simpatico.

Attività per la comprensione

E. Come? Quando? Listen to the following answers to questions. Then write the appropriate question.

1. _____
2. _____
3. _____
4. _____
5. _____
6. _____
7. _____
8. _____

F. Devo, ma non voglio. Gabriella and Bruno are discussing what they have to do and what they want to do this evening. Listen to their conversation carefully. Then for each activity listed, write a **G** for Gabriella or a **B** for Bruno in the appropriate column, depending on what each person has to do or wants to do. Read the list of activities before you begin.

	Deve	Vuole
1. andare al cinema	_____	_____
2. studiare per un esame	_____	_____
3. finire un libro	_____	_____
4. andare in centro	_____	_____
5. fare delle commissioni	_____	_____
6. spedire un pacco	_____	_____
7. comprare un regalo	_____	_____

G. **Le previsioni del tempo.**   Listen to this weekend's weather forecast. Then jot down what the weather will be like for each place listed. Before you listen to the forecast, read the list of places.

Località	Tempo	Temperatura
Val d'Aosta	_____	_____
Veneto	_____	_____
Roma	_____	_____
Napoli	_____	_____
Sicilia	_____	_____

Now listen to the forecast again, adding the temperature for each place.

H. **L'albero di famiglia.**   Look at the drawing of Dario Alfieri's family tree. As you listen to Dario talk about his family, write the missing names in the chart. Don't worry if you don't understand every word; just concentrate on completing the tree. You may want to listen to Dario's description more than once.

Missing names

Gianni   Filippo   Rosa
Barbara   Maurizio   Pino

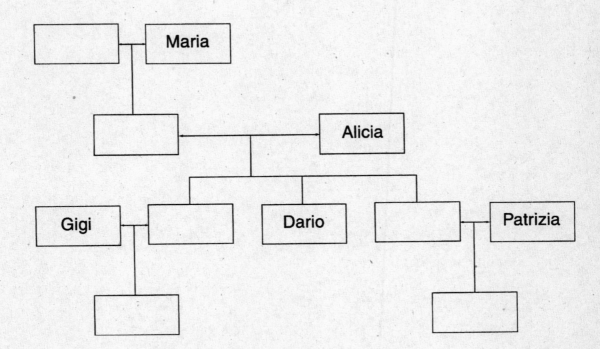

I. **Cercasi appartamento.** Claudia wants to rent an apartment. She has seen an ad in the paper and calls to find out more about the apartment. Listen to Claudia's conversation with the apartment manager and complete her notes.

Appunti

Appartamento: Via Roma

Quante stanze: _____   Quanti bagni: _____

Piano: _____

Chiedere se c'è:

terrazzo? _____   cucina? _____

sala da pranzo? _____   soggiorno? _____

Affitto: €_____

UNITÀ
4
Comprare: FACCIAMO DELLE COMMISSIONI!

Incontri

The **Incontri** conversations will be read without pauses. Pay close attention to the speakers' intonation and pronunciation. Then play it again and talk simultaneously with the speaker, trying to imitate the pronunciation patterns.

Incontro A.   Una mattinata al mercato, text page 136.
Incontro B.   I ragazzi preparano una cena, text page 146.
Incontro C.   Il regalo per Mirella, text page 155.
Incontro D.   Che sorpresa!, text page 162.

Per la pronuncia

Diphthongs and triphthongs

When a syllable contains two vowels, it is called a diphthong; a syllable with three vowels is a triphthong. These vowels do not combine to produce a single, unique sound; instead, each is pronounced separately.

A.   Ad alta voce!   Listen and repeat each word after the speaker. Be careful to pronounce each vowel.

Paolo	Laura	aula	autore	automobile
aereo	mai	fai	dai	aiuto
buono	uomo	uovo	fuoco	scuola
suocero				

The following words do not contain diphthongs or triphthongs because the consecutive vowels belong to different syllables. Listen and repeat each word after the speaker.

poi	suoi	vuoi	vuole	
Siena	fieno	diamo	zio	Dio
paura	paese			

B.   I possessivi.   Listen and repeat each pair of possessive words after the speaker. Then mark the words containing a diphthong with a **D** and those with a triphthong with a **T.**

1. i miei   _____
2. i tuoi   _____
3. i suoi   _____
4. le mie   _____
5. le tue   _____
6. le sue   _____

C. **Che cosa senti?** Read the following pairs of words, then listen carefully to the speaker and circle the word you hear.

1. piano   pieno

2. mie   miei

3. viene   vene

4. sono   suono

5. se   sei

6. poi   po'

7. nuora   nera

8. fuori   fiore

D. **Dittonghi, sì o no?** Listen and repeat each word after the speaker. Write **D** on the line provided if the word contains a diphthong.

1. _____   5. _____

2. _____   6. _____

3. _____   7. _____

4. _____   8. _____

E. **Una famiglia molto strana** (*strange*). Listen and repeat the phrases.

Ciao! Mi chiamo Laura. Sono la nuora (*daughter-in-law*) di un uomo straordinario. Mio suocero è un autore. Mia suocera non ha mai guidato un'auto. I miei vivono a San Paolo dove hanno un vivaio (*nursery*) e coltivano fiori.

Attività per la comprensione

F. **Che cosa hanno fatto?** You will hear five short conversations. Listen to each one and circle the activity that the people in each situation have just finished. Read the list of possible activities before you begin.

1. a. Hanno visto un film.
   b. Hanno mangiato al ristorante.

2. a. Hanno guardato la televisione.
   b. Hanno giocato a tennis.

3. a. Hanno comprato la verdura.
   b. Hanno comprato la carne.

4. a. Sono andati in banca.
   b. Sono andati al mercato.

5. a. Sono andati in profumeria.
   b. Hanno comprato il pane.

G. **In banca.**   Marco wants to change some money at the Cassa di Risparmio di Spoleto. Listen to his conversation with the bank teller and answer the questions.

1. Quale valuta (*currency*) ha Marco?

   _____

2. Quale valuta vuole?

   _____

3. Quanto è il cambio?

   _____

4. Quanti soldi vuole cambiare Marco?

   _____

5. Quanto riceve?

   _____

H. **Presente o passato?**   Listen to each of the following people talk about their activities. Mark an **X** in the appropriate column, depending on whether the speaker is talking about the present or the past.

   Presente   **Passato**

   1. _____   _____
   2. _____   _____
   3. _____   _____
   4. _____   _____
   5. _____   _____

I. **Che hai fatto?**   Rocco and Alessandra are talking about what they did last weekend. Listen to their conversation and write **R** next to the things Rocco did, and **A** next to what Alessandra did. Read the list of activities before you listen.

1. _____ incontrare degli amici   5. _____ fare due passi in centro
2. _____ studiare in biblioteca   6. _____ aiutare la mamma a pulire la casa
3. _____ fare una gita in bicicletta 7. _____ lavorare
4. _____ prendere un gelato   8. _____ fare i compiti

   Now turn off the recording and list three things you did last weekend, using complete sentences.

1. _____
2. _____
3. _____

J. **Dal fruttivendolo.** Listen to the following conversation between a vendor and a customer. Write **sì** or **no** to indicate which products the customer buys and indicate the quantity when appropriate. As you listen, concentrate on the customer's purchases. Read the list of products before you hear the conversation.

		Sì/No	Quantità
1.	melanzane	_____	_____
2.	cipolle	_____	_____
3.	banane	_____	_____
4.	melone	_____	_____
5.	limoni	_____	_____
6.	ananas	_____	_____
7.	pomodori	_____	_____
8.	carote	_____	_____

Mangiare: TUTTI A TAVOLA!

Incontri

The **Incontri** conversations will be read without pauses. Pay close attention to the speakers' intonation and pronunciation. Then play it again and talk simultaneously with the speaker, trying to imitate the pronunciation patterns.

Incontro A. **Colazione al bar,** text page 175.
Incontro B. **Una cena fra amici,** text page 184.
Incontro C. **Una cena squisita,** text page 190.

Per la pronuncia

Vowels

There are five Italian vowels. Listen and repeat: **a, e, i, o, u.** The vowels **a, i,** and **u** do not vary in their pronunciation, but **e** and **o** have both open and closed sounds.

A. **Ad alta voce!** The following words have an open **o.** Listen and repeat after the speaker.

negozio   do   dirò   uomo   uova   falò

The following words have a closed **o.** Listen and repeat after the speaker.

voce   sogno   cotone   sono   colore   nuvoloso

B. **Ad alta voce!** The following words have an open **e.** Listen and repeat after the speaker.

problema   agenda   contento   dieci   caffè   è

The following words have a closed **e.** Listen and repeat after the speaker.

perché   vedere   inglese   architetto   mese   re

C. **Orecchio alla pronuncia!** Listen and repeat each pair of words after the speaker. Note the difference between the open and closed vowel sounds.

Open	Closed
1. vorrei	perché
2. tema	tre
3. tè	te
4. finestra	francese
5. chiesa	contessa
6. bene	bere
7. è	e

D. Senti chi parla!   Listen and repeat the following phrases. Pay particular attention to words with vowel clusters.

> Fuori è buio.
> Quando viene Paolo?
> Sai che i miei sono via ora?
> I buoi mangiano fieno.

E. Il pappagallo.   Listen and repeat the following phrases. Listen again and fill in the blanks with the appropriate vowels. Be careful to include all vowels necessary to represent the sound.

M_____ s_____c_____r_____ s_____n_____ il p_____n_____.

Conosci un b_____n _____t_____r_____?

A v_____lt_____ la g_____nt_____ v_____l_____ un b_____n caffè.

La p_____c_____ _____t_____.

Attività per la comprensione

F. Al ristorante.   Mr. and Mrs. Volpe and their son Giuseppe are eating in a trattoria. Listen to their conversation with the waitress and put a check mark in the appropriate box to indicate what each person orders. You may want to listen to the dialogue more than once.

Tavola n. 4			Cameriera: Francesca
PADRE	Clienti MADRE	GIUSEPPE	Menù
			Primi
			Spaghetti alle vongole
			Gnocchi alla romana
			Lasagne al forno
			Secondi
			Bistecca di maiale ai ferri
			Scampi alla griglia
			Filetto al pepe verde
			Contorni
			Insalata mista
			Patate fritte
			Dolci
			Gelato della casa
			Tiramisù

G. **Attenti alla linea!** Matteo is trying to lose weight, so he consults Dr. Pipino, a famous dietician. First, stop the recording and write three things you think Dr. Pipino will advise Matteo not to eat.

1. _____ 2. _____ 3. _____

Now listen to Dr. Pipino's advice and write the items he advises Matteo not to eat or drink and the items he can eat and drink. You may want to listen to the doctor's orders more than once!

Mangiare: _____

_____

Non mangiare: _____

_____

Bere: _____

Non bere: _____

H. **Al bar dell'angolo.** You are the cashier in a bar. Three customers are waiting at the register to order and pay. Listen to what each person orders and write the price for each item. Then total each check.

La Lista

cappuccino	€1,50
caffè	€1,00
acqua minerale	€0,50
tè	€1,50
aperitivi	€5,00
brioche	€1,50
panini	€3,50
tramezzini	€2,50

Cliente 1: _____

Cliente 2: _____

Cliente 3: _____

I. Che belle nozze!   Michele and Anna are getting married in a month and have already received many gifts. Their friend Alberto wants to send them a present, so he asks them what they have already received. Read the list of possible gifts and then listen carefully to their conversation. Mark an **X** next to the items they have already received.

_____ una tovaglia di lino   _____ posate

_____ piatti   _____ le tazze per il caffè

_____ un vassoio di cristallo   _____ le pentole

_____ un candelabro   _____ bicchieri di cristallo

_____ un vaso per fiori   _____ una lavastoviglie

J. Bobo il buongustaio.   Bobo is the host of a successful radio program that offers cooking advice and recipes. Read the list of steps for preparing spaghetti alla carbonara. Then listen to Bobo's program and put the steps in order, numbering them from one to seven. On the lines provided, write two pieces of advice Bobo offers about cooking. You may have to listen to the program twice.

_____ Si aggiunge del pepe nero.

_____ Si mescola tutto: uova, parmigiano, pancetta insieme agli spaghetti cotti.

_____ Si mangiano gli spaghetti alla carbonara!

_____ Si preparano gli spaghetti.

_____ Si grattugia il parmigiano.

_____ Si taglia la pancetta.

_____ Si sbattono quattro uova.

_____

_____

UNITÀ 6 Rilassarsi: COSA FACCIAMO DI BELLO?

Incontri

The **Incontri** conversations will be read without pauses. Pay close attention to the speakers' intonation and pronunciation. Then play it again and talk simultaneously with the speaker, trying to imitate the pronunciation patterns.

Incontro A. **Erano altri tempi!,** text page 214.
Incontro B. **Una partita di calcio,** text page 222.
Incontro C. **Una passeggiata,** text page 231.
Incontro D. **Una telefonata,** text page 237.

Per la pronuncia

The sounds *s*, *ss*, and *z*

In Italian, when the letter **s** is between two vowels, it is pronounced like the letter *z* in English, as in *rose, noisy,* or *Pisa.* The letter **z** in Italian is pronounced like the English *z* in *Mozart* or *pizza.* A double **s** is pronounced like the *s* sound in *mess.*

A. **Ad alta voce!** Listen and repeat each word after the speaker.

grazie	zucchero	zero	mezzogiorno	piazza
zuppa	preparazione	pizza	servizio	palazzo

B. **Ad alta voce!** Listen and repeat each word after the speaker.

posso	cassiera	passeggiata	professoressa	tasse	
casa	isola	mese	brindisi	vaso	crisi

C. **Che cosa senti?** Read the following pairs of words. Then listen carefully to the speaker and circle the word you hear.

1. Pisa	pizza		5. passo	pazzo
2. rosa	rossa		6. rissa	riso
3. cose	cozze		7. compressa	compresa
4. naso	nozze		8. presi	prezzi

D. **Orecchio alla pronuncia!** Listen and repeat the words you hear. Pay particular attention to the **z** and **s** sounds. Then listen again and fill in the blanks with the appropriate letters (**s, ss,** or **z**).

ro_____a   me_____i   studente_____a   ro_____o

pa_____esco   fri_____ante   me_____o   ri_____o

Attività per la comprensione

E. L'intervista. Lulu Saccobellezza, a tabloid reporter, is interviewing the famous actor Totò Belli. Read the list of activities. Then listen to the interview and cross out those activities that the actor does *not* do in his spare time. Also add the two activities missing from Lulu's list. You may want to listen to the interview more than once.

andare in barca a vela

andare in discoteca

prendere il sole

andare ai musei

andare ad una partita di calcio per tifare

mangiare nei ristoranti eleganti

andare al cinema

_____

F. Il campeggio. Riccardo and Chicca are going camping, but they can't seem to agree on what supplies they should take! Read the list of items, then listen to their conversation. Mark an **X** in the appropriate column to indicate whether or not they decide to take the object.

	Portare	Non portare
una bussola (*compass*)	❏	❏
una cartina	❏	❏
il binocolo	❏	❏
una bottiglia di acqua	❏	❏
un coltello	❏	❏
la macchina fotografica	❏	❏
le giacche a vento	❏	❏

G. I singhiozzi (*hiccups*). Alfredo is talking to his friend Claudia on the phone, but he has the hiccups and cannot finish his sentences. Listen to their conversation and choose the word that properly completes each of Alfredo's sentences. Number the words consecutively from 1 to 4.

_____ scacchi   _____ calcio   _____ stai   _____ scultura

H. Abbiamo tutti un hobby! Five students are discussing what they like to do in their spare time. Listen to each person and then draw a line connecting the person's name with his or her favorite activity.

1. Ruggiero
2. Giulia
3. Vittorio
4. Adriana
5. Marco

a. disegnare
b. fare ginnastica
c. suonare la chitarra
d. andare in barca
e. fare fotografie

I. **Brutto tempo al mare.** Listen to the following conversation between Angelo and his friend Patrizia. Then indicate whether the following statements are true (**T**) or false (**F**).

1. _____ Fa bello al mare.

2. _____ Le cose vanno bene da Patrizia.

3. _____ Patrizia non è andata al cinema.

4. _____ Angelo ha fatto una passeggiata con Franco.

5. _____ La squadra della città ha perso la partita.

6. _____ Patrizia ha mangiato un gelato ieri.

J. **Una visita a Venezia.** Sandro is telling his friend Beppe about his trip to Venice. Read the list of activities and then listen to what he says. Mark an **X** next to the places Sandro saw and the things he did.

1. _____ visitare la Basilica di San Marco

2. _____ vedere il ponte di Rialto

3. _____ visitare il Palazzo dei Dogi

4. _____ fare un giro in gondola

5. _____ mangiare specialità venete

6. _____ andare col traghetto al Lido

7. _____ visitare una fabbrica del vetro a Murano

8. _____ camminare tanto per le calli di Venezia

UNITÀ 7 Vestirsi: VESTIAMOCI ALLA MODA!

Incontri

The **Incontri** conversations will be read without pauses. Pay close attention to the speakers' intonation and pronunciation. Then play it again and talk simultaneously with the speaker, trying to imitate the pronunciation patterns.

Incontro A. **Mamma mia, che stress!,** text page 249.
Incontro B. **Non so cosa mettermi!,** text page 259.
Incontro C. **Nel negozio di abbigliamento,** text page 268.
Incontro D. **A ciascuno il suo!,** text page 275.

Per la pronuncia

The sounds *r* and *rr*

In Italian, the letter **r** is rolled. This sound is produced by fluttering the tip of the tongue on the ridge behind the upper teeth. If the **r** is doubled, the rolling sound is sustained longer. When an **r** is preceded by another consonant, like **t** or **d,** that consonant is pronounced separately before the **r** is rolled.

A. **Ad alta voce!**   Listen and repeat each word after the speaker, paying close attention to the pronunciation of the **r** sounds.

rosa	ristorante	radio	remare	rilassante
futuro	vero	mangerò	pera	ora
birra	carriera	arrivare	berrò	verrò

B. **Orecchio alla pronuncia!**   Listen and repeat each word after the speaker.

trattoria	tragedia	treno	trentatré
dritto	mezzadra	preferirei	problema
abbronzare	brutto		

C. **Il pappagallo.**   Listen and repeat the following phrases. Pay particular attention to the pronunciation of the letter **r.**

Roberto ride raramente.

Berrò una birra con Rodolfo stasera.

È veramente ridicolo.

Fabrizio corre tre ore al giorno.

Che sorpresa!

A trentatré anni, Raffaela preferirebbe riposarsi.

D. **Senti chi parla!**   Listen and repeat what Sara has to say about her future.

Il mio futuro è roseo: sarò ricca e famosa. Scriverò un romanzo o reciterò in un film. La mia carriera salirà rapidamente. Lavorerò raramente e mi divertirò spesso. Sono realistica?

Attività per la comprensione

E. **Chi è?**   While you listen to the following people describe themselves, number the drawings in the order in which the people speak.

_____   _____   _____   _____

F. **Dal medico.**   You are a receptionist in a doctor's office. Listen to the messages that were left on your voice mail early this morning and fill in the cards using the information you hear.

Nome: _____

Numero di telefono: _____

Sintomi: _____

Altri commenti: _____

Nome: _____

Numero di telefono: _____

Sintomi: _____

Altri commenti: _____

Nome: _____

Numero di telefono: _____

Sintomi: _____

Altri commenti: _____

G. I fratelli rivali. Listen to the descriptions of Enzo and Alfredo. Mark an **X** in the appropriate column to indicate which brother exhibits each characteristic. Use a plus sign (**+**) or a minus sign (**−**) to indicate degrees of comparison.

	Enzo	Alfredo
1. È alto.	_____	_____
2. Prende il sole.	_____	_____
3. Porta vestiti eleganti.	_____	_____
4. Gioca bene a tennis.	_____	_____
5. È atletico.	_____	_____
6. Va male a scuola.	_____	_____

H. Quando mi sveglio... Read the list of activities and then listen to Beppe describe his typical morning. Number the activities in the order in which Beppe performs them.

_____ radersi

_____ svegliarsi

_____ bere un caffè

_____ farsi la doccia

_____ pettinarsi davanti allo specchio

_____ vestirsi

_____ alzarsi

I. La festa di Filippo. Listen to the following description of Filippo's party. Then indicate whether each statement is true (**T**) or false (**F**).

1. _____ Filippo fa una festa venerdì sera.

2. _____ Filippo invita tutti i suoi amici.

3. _____ Liana compra un vestito nuovo per la festa.

4. _____ Susanna non andrà.

5. _____ Sergio andrà alla festa.

6. _____ Riccardo andrà alla festa.

7. _____ Andrea andrà alla festa.

J. **Agli ordini!** Listen to the following six phrases. Write an **X** in the appropriate column to indicate whether the person is asking a question or giving a command.

Domanda   **Comando**

1. _____   _____
2. _____   _____
3. _____   _____
4. _____   _____
5. _____   _____
6. _____   _____

UNITÀ 8 Lavorare: LAVORIAMO INSIEME!

Incontri

The **Incontri** conversations will be read without pauses. Pay close attention to the speakers' intonation and pronunciation. Then play it again and talk simultaneously with the speaker, trying to imitate the pronunciation patterns.

Incontro A. **Dopo l'esame di Stato,** text page 291.
Incontro B. **In cerca di un passaggio,** text page 303.
Incontro D. **Il colloquio di lavoro,** text page 317.

Per la pronuncia

Double consonants

In Italian, all consonants except **h** and **q** have a corresponding double consonant that is pronounced differently from the single consonant. In general, double consonants are pronounced more forcefully; in effect, the letter is pronounced twice. It is important to pronounce double consonants correctly, because the difference of one letter can result in a difference in meaning.

A. **Ad alta voce!** Listen and repeat each word after the speaker, paying close attention to the double consonant sounds. Practice the double consonant pronunciation: divide the word after you pronounce the first consonant, then repeat that consonant at the start of the next syllable.

mamma	vorrebbe	faremmo	sillabo
donna	sette	bevvi	

Now listen and repeat the following sentence after the speaker.

Amo mia mamma.

B. **Orecchio alla pronuncia!** Listen and repeat each word after the speaker. Note the difference in pronunciation between the single consonant and the double consonant.

età	etto	meta	letto
pineta	tetto	aceto	accetto
mela	snella	parentela	tagliatelle
Pina	pinna	sono	sonno
parleremo	parleremmo	copia	coppia

C. **Che cosa senti?**   Read the pairs of words. Then listen carefully to the speaker and circle the word you hear.

1. sete   sette
2. tutta   tuta
3. vene   venne
4. casa   cassa
5. alla   ala
6. beve   bevve

7. notte   note
8. eco   ecco
9. papa   pappa
10. nona   nonna
11. saremo   saremmo
12. tono   tonno

D. **Il pappagallo.**   Listen and repeat the following phrases. Pay particular attention to the pronunciation of the double consonants.

Quando conobbi Deledda, parlammo di tutta la sua opera.
Due etti di prosciutto, una mozzarella, una scatola di tonno e la panna da cucina.
Vorremmo visitare la Maremma.
Ho sonno, vorrei addormentarmi.
La torre Pirelli è il tetto di Milano.
Ecco il mio collega, l'avvocato Bellini.

Attività per la comprensione

E. **Mezzi di trasporto.**   Ascoltare le seguenti sei persone. Raccontano quale mezzo di trasporto prendono per arrivare a lavoro. Scrivere il numero del mezzo usato accanto al nome della persona che lo prende.

1. aereo
2. macchina
3. autobus
4. motorino
5. bicicletta
6. treno

_____ Roberto

_____ Mattia

_____ Isabella

_____ Enrica

_____ Giovanni

_____ Maria

F. **Certezza o dubbio?**   Ascoltare bene le seguenti frasi e poi indicare se la persona che parla esprime un dubbio o una certezza, scrivendo una **X** nella colonna appropriata.

Dubbio   **Certezza**

1. _____   _____
2. _____   _____
3. _____   _____
4. _____   _____
5. _____   _____
6. _____   _____

G. Pubblicità radiofoniche. Ascoltare le seguenti pubblicità e scegliere la battuta finale (*last line*) che completa ciascuna pubblicità in maniera logica. Scrivere il numero che corrisponde all'ordine in cui vengono presentate le pubblicità.

_____ ...quando la pasta è Pasta Bardilla!

_____ ...pulisci con Casa Bianca, e avrai finalmente una casa pulita!

_____ ...Bevi il tè alla pesca Sipton e rilassati!

_____ ...Guida un'Autorossi e sarai padrone della strada!

H. Il colloquio di lavoro. Stefano ha un colloquio di lavoro in uno studio legale. Ascoltare la conversazione fra Stefano e l'avvocato Adori e completare la conversazione con le parole mancanti. Ascoltare la conversazione più di una volta, se necessario.

ADORI   Buongiorno. Lei è Stefano Manzini?

STEFANO   Sì, sono io _____ (1).

ADORI   Perché è _____ (2) a questo lavoro?

STEFANO   Io studio _____ (3) all'università e vorrei

_____ (4) avvocato al termine degli studi.

ADORI   Ha un _____ (5)?

STEFANO   Sì, eccolo.

ADORI   Vedo che ha _____ (6). Ha già fatto

uno _____ (7) presso uno

_____ (8) in Inghilterra. Allora, parla bene l'inglese?

STEFANO   _____ (9).

ADORI   Bene! È una lingua molto _____ (10). Quando

_____ (11)?

STEFANO   L'anno prossimo, se va tutto bene. Ho due _____ (12)
questo mese.

ADORI   _____ (13)!

STEFANO   Crepi!

I. **Un lavoro fantastico!** Luigi ha visto sul giornale l'inserzione qui riprodotta e ora telefona per avere più informazioni. Ascoltare la conversazione e completare gli appunti che Luigi prende.

Vuoi guadagnare bene? Puoi guadagnare €500 la settimana!!

Studenti!! Potete lavorare durante il tempo libero!!!

Informazioni: chiama Rocco 081.670.890

1. Che tipo di lavoro è? _____
2. Quante ore dura al giorno? _____
3. Si può lavorare di notte? _____
4. C'è bisogno di una macchina? _____
5. Dov'è il lavoro? _____

UNITÀ 9 Viaggiare: ANDIAMO IN VACANZA!

Incontri

The **Incontri** conversations will be read without pauses. Pay close attention to the speakers' intonation and pronunciation. Then play it again and talk simultaneously with the speaker, trying to imitate the pronunciation patterns.

Incontro A.　**Un viaggio in Sardegna,** text page 332.
Incontro B.　**In partenza,** text page 340.
Incontro C.　**Destinazione: Sardegna!,** text page 347.
Incontro D.　**Benvenuti a bordo!,** text page 355.

Per la pronuncia

Review of vowels

In Italian, vowel sounds are pronounced clearly. There are only five vowel sounds in Italian and it is important to articulate them.

A. Orecchio alla pronuncia!　Listen and repeat each word after the speaker. Pay particular attention to the clear pronunciation of the vowel sounds.

mela	mulo	mila	male	molo
lago	lega	lungo	luogo	
tetto	tutto	pero	pare	pura

B. Ad alta voce!　The following words end in an accented vowel. Listen and repeat each word after the speaker.

ragù	virtù	gioventù	più
città	specialità	già	
caffè	osé		
parlò	parlerò		
sì	lì		

C. Che cosa senti?　Listen and repeat the following words, paying careful attention to the final vowel sound. There are many pairs of words in Italian that change meaning from masculine to feminine!

1. banco　banca
2. mostro　mostra
3. pianto　pianta
4. posto　posta
5. porto　porta
6. scopo　scopa

D. Cosa senti? Listen and repeat the following words. Then listen again and write in the missing vowels for each.

1. m____s____   m____s____

2. p____st____   p____st____

3. r____g____n____   r____g____n____

4. v____c____n____   v____cc____n____

5. d____c____   d____c____

6. ____nn____   ____nn____

E. Senti chi parla! Listen to the following conversation between a brother and sister who can't agree on anything. Pay close attention to their pronunciation, intonation, and inflection. Then repeat each line after the speaker.

ANGELA	Enrico, non vai mica in centro oggi?
ENRICO	Sì, perché?
ANGELA	Perché ho delle commissioni da fare. Allora vengo anch'io!
ENRICO	Mi dispiace, non posso portarti.
ANGELA	Ma dai! Ti prego, portami con te!
ENRICO	Lasciami stare! Lo sai che vado con i miei amici.
ANGELA	Sei insopportabile!
ENRICO	Ueh, basta!

Attività per la comprensione

F. Alla stazione dei treni. Michele è in partenza per Roma. È allo sportello delle informazioni alla stazione di Firenze. Ascoltare bene la conversazione fra Michele e l'impiegato. Poi rispondere alle domande con frasi complete.

1. A che ora parte il treno?

   _____

2. Da quale binario parte?

   _____

3. Compra un biglietto di andata e ritorno, o di sola andata?

   _____

4. Quanto viene il biglietto?

   _____

5. Quante ore dura il viaggio?

   _____

6. Che tipo di treno prende?

   _____

G. All'aeroporto. Massimo va in Sardegna per una vacanza al mare. È all'aeroporto. Ascoltare la conversazione tra Massimo e l'impiegato e completarla con le parole mancanti. Forse sarà necessario ascoltare la conversazione più di una volta.

IMPIEGATO Buongiorno, signore. _____. Su quale

_____ ha prenotato?

MASSIMO Genova–Cagliari. Ecco il _____.

IMPIEGATO Va bene. Allora, ci sono _____ liberi. Quale preferisce,

il corridoio o il _____?

MASSIMO Prendo il finestrino.

IMPIEGATO _____. Ha bagaglio?

MASSIMO Solo _____.

IMPIEGATO Va bene. Ecco a Lei _____. Il volo è in orario, parte

alle sedici e trenta. Può accomodarsi nella _____.

MASSIMO Grazie.

IMPIEGATO A Lei. E _____!

H. Le vacanze disastrose! Enrica è molto scontenta di come suo marito Gianluca ha organizzato le vacanze. Ora sta raccontando tutto ad una sua amica. Ascoltare bene quello che dice, e poi indicare come avrebbe voluto passare le vacanze Enrica, facendo un cerchetto (*circle*) intorno alle sue preferenze.

Come preferisce passare le vacanze Enrica?

in campeggio   in albergo

al mare   in montagna

spendere molto   spendere poco

prendere il sole   fare lunghe passeggiate

da soli   con amici

I. Vacanze in Sardegna. Ascoltare la seguente pubblicità per le vacanze in Sardegna. Poi scrivere una **X** accanto alle cose che sono menzionate nella pubblicità. Forse sarà necessario ascoltare la pubblicità più di una volta.

_____ piscina   _____ negozi esclusivi

_____ campo da golf   _____ spiagge incantevoli

_____ discoteca   _____ camere lussuose

_____ campi da tennis   _____ barca a vela

_____ attività per tutti   _____ jacuzzi

_____ cinema   _____ biciclette a noleggio

UNITÀ 10 · Divertirsi: USCIAMO STASERA!

Incontri

The **Incontri** conversations will be read without pauses. Pay close attention to the speakers' intonation and pronunciation. Then play it again and talk simultaneously with the speaker, trying to imitate the pronunciation patterns.

Incontro A. **Che facciamo di bello stasera?**, text page 371.
Incontro B. **Andiamo al concerto!**, text page 379.
Incontro C. **Radio Deejay**, text page 385.
Incontro D. **Andiamo a ballare!**, text page 391.

Per la pronuncia

Consonant clusters

In Italian, consonants usually alternate with vowels. Some words contain unusual consonant clusters that may require pronunciation practice.

A. **Ad alta voce!** Listen and repeat the following words that begin with **s impura** (**s** + consonant).

sbaglio	sbando	sdramatizzare
sdraio	sgomento	striscia

B. **Orecchio alla pronuncia!** Listen and repeat the following words that contain the consonant clusters **ps, pn, scr, tr, ntr.**

psicologia	ipnosi	attrice	entro
psicologo	scrittrice	mentre	

Attività per la comprensione

C. **Un mestiere artistico.** Le seguenti persone esercitano una professione artistica. Ascoltare bene quello che dice ciascuna persona riguardo la sua professione, e poi sottolineare (*underline*) il mestiere giusto.

1. Marco lavora
   a. in teatro b. in discoteca c. in TV

2. Annabella scrive
   a. poesie b. recensioni c. opere teatrali

3. Ugo suona
   a. la batteria b. il flauto c. la chitarra

4. Francesca fa
   a. l'attrice b. l'architetto c. la ballerina

D. Come'era... ? Luisa ha passato dei giorni difficili. Ascoltare quello che racconta, facendo attenzione alle parole che sono modificate con suffissi. Poi indicare se le seguenti cose erano brutte, piccole o grandi.

1. ...la settimana? _____

2. ...il gatto? _____

3. ...il suo voto all'esame? _____

4. ...lo zaino? _____

5. ...i disegni di Topolino? _____

6. ...il ragazzo sull'autobus? _____

E. Se fossi... Sentirai cinque frasi incompiute. Completare ciascuna frase in maniera logica, mettendo la lettera del complemento giusto.

1. _____
2. _____
3. _____
4. _____
5. _____

a. saprei suonare uno strumento musicale.

b. scriverei libri molto interessanti.

c. lavorerei in un grande ospedale e avrei molti pazienti.

d. farei film molto belli e vivrei a Hollywood.

e. costruirei edifici alti e moderni.

F. Cosa facciamo di bello? Ascoltare la seguente conversazione tra due amici che discutono su che cosa fare stasera. Poi abbinare il nome della persona con quello che fa o vuole fare stasera.

1. Isabella
2. Rosario
3. Manuela
4. Silvana
5. Alessandro

a. andare in discoteca

b. prendere un gelato

c. mangiare una pizza

d. passeggiare in riva al mare

e. andare a teatro

G. Un padre "all'antica"... Il signor Giuliani è preoccupato; sta parlando con un amico di cosa vorrebbe che sua figlia facesse. Ascoltare quello che dice e indicare poi se le seguenti frasi sono vere (**V**) o false (**F**).

1. _____ Vuole che la figlia diventi attrice.

2. _____ Vuole che la figlia lavori con lui nel suo studio.

3. _____ Vuole che la figlia abiti in un appartamento.

4. _____ Vuole che la figlia vada in giro per il mondo.

5. _____ Vuole che la figlia trovi un marito.

6. _____ Vuole che la figlia abbia la sua libertà.

H. **Andiamo al cinema.** Roberto e Sandra vogliono andare al cinema stasera. Non sanno cosa vedere, così Sandra telefona al numero della Telecom per sentire cosa danno nei cinema. Mentre ascolti, scrivere degli appunti riempendo le schede.

Cinema: _____

Film: _____

Regista: _____

Ora spettacoli: _____

Cinema: _____

Film: _____

Regista: _____

Ora spettacoli: _____

Cinema: _____

Film: _____

Regista: _____

Ora spettacoli: _____

Cinema: _____

Film: _____

Regista: _____

Ora spettacoli: _____

UNITÀ 11 Leggere: RECITIAMO UNA POESIA!

Incontri

The **Incontri** conversations will be read without pauses. Pay close attention to the speakers' intonation and pronunciation. Then play it again and talk simultaneously with the speaker, trying to imitate the pronunciation patterns.

Incontro A. **Una relazione di letteratura,** text page 404.
Incontro B. **Intervista,** text page 412.
Incontro C. **All'edicola,** text page 418.
Incontro D. **Una lite davanti alla TV,** text page 423.

Per la pronuncia

Intonation

In Italian, it is not necessary to raise your voice at the end of a question. When you use a tag phrase to turn a statement into a question, however, you must raise your voice at the end.

A. **Ad alta voce! Domande.**   Listen and repeat the following questions, imitating the speakers' intonation and inflection.

Come stai?

Che tempo fa oggi?

Hai un momento?

Dove vai?

Che ore sono?

Chi è quel signore?

Dove hai trovato quel vestito?

Potresti darmi una mano?

Che ne dici?

B. **Il pappagallo.**   Now listen and repeat the following tag questions, imitating the speakers' intonation and inflection.

Quando torna Mario, lo sai?

Hai già conosciuto Giuseppe, vero?

È la prima volta che vieni in Italia, vero?

Dobbiamo esserci a mezzogiorno, giusto?

Attività per la comprensione

C. La presentazione orale. Giovanni e Susanna devono fare una relazione su un autore italiano. Ascoltare bene la loro conversazione e riempire le schede di appunti.

Elsa Morante: *nacque a* _____

                   nel _____

                   morì a _____

                   nel _____

Opera: _____

     Data di pubblicazione: _____

Opera: _____

     Data di pubblicazione: _____

Caratteristiche: _____

Italo Calvino: *nacque a* _____

                  nel _____

                  morì a _____

                  nel _____

Opera: _____

     Data di pubblicazione: _____

Opera: _____

     Data di pubblicazione: _____

Caratteristiche: _____

D. Buona lettura! Gregorio vuole comprare dei libri come regalo per i suoi parenti. Ascoltare bene la conversazione fra Gregorio e la sua amica Anna. Sono alla libreria Magna Carta. Poi abbinare il/la parente con il libro che Gregorio sceglie per lui o lei, scrivendo la lettera appropriata accanto al nome.

1. _____ sua nonna
2. _____ Marco
3. _____ Robertino
4. _____ zia Angelina
5. _____ suo padre

a. *Topolino ed i suoi amici*
b. un romanzo di Dacia Maraini
c. un libro sul periodo del dopoguerra
d. *Le ville del Veneto*
e. un libro di Vattimo

E. **Una poesia di Lorenzo de' Medici.** Ascoltare bene la seguente poesia di Lorenzo de' Medici e riordinare le parole per formare i quattro versi. Forse sarà necessario ascoltare la poesia più di una volta.

Che	non	certezza!	bella
lieto,	vuol	sia!	Di
Chi	si fugge	essere	giovinezza,
tuttavia,	doman	c'è	Quant'è

_____

_____

_____

_____

F. **Il giornale-radio.** Ascoltare le seguenti notizie radiofoniche. Indicare con una **X** gli argomenti che sono riportati.

_____ il maltempo

_____ l'inflazione

_____ incidente stradale

_____ disoccupazione

_____ vince la Fiorentina

_____ problema "ozono"

_____ uno sciopero dei treni

_____ nuove elezioni

G. **Una notizia bomba!** Laura torna a casa e chiede al marito se ha visto il telegiornale. Lei vuole sapere le notizie. Ascoltare la loro conversazione, e poi indicare con una **X** quali delle notizie qui elencate sono state riportate.

_____ l'UE combatte il terrorismo

_____ il governo ridurrà le tasse

_____ verrà il tempo bello

_____ hanno superato la crisi

_____ l'inflazione si è abbassata

_____ la disoccupazione è in calo

_____ la Juve ha perso contro l'Inter

_____ fiasco a Londra per Pavarotti

H. La relazione. Annamaria presenta alla sua classe una relazione sul Rinascimento. Ascoltare la sua presentazione e prendere appunti. Poi rispondere alle seguenti domande con frasi complete, basandosi sulle informazioni presentate. Leggere le domande prima di cominciare.

1. Perché è importante il periodo del Rinascimento?

   _____

2. Chi sono i due architetti che diedero una nuova impronta alle città?

   _____

3. Chi sono due artisti importanti del Rinascimento?

   _____

4. Chi fu poeta e anche capo di stato?

   _____

5. Quale città è chiamata "la culla del Rinascimento"?

   _____

6. Qual era la moneta più importante in tutta l'Europa durante il Rinascimento?

   _____

UNITÀ 12 Sognare: IMMAGINIAMO IL FUTURO!

Incontri

The **Incontri** conversations will be read without pauses. Pay close attention to the speakers' intonation and pronunciation. Then play it again and talk simultaneously with the speaker, trying to imitate the pronunciation patterns.

Incontro A. Un discorso politico, text page 440.
Incontro B. Due mondi a confronto, text page 446.
Incontro C. Quanti stereotipi, text page 452.
Incontro D. Un brindisi al futuro!, text page 457.

Per la pronuncia

Inflection

When giving commands in Italian, urgency is expressed in the inflection. Particular emphasis is given to words in exclamations.

A. Senti chi parla! Imperativi.   Listen and repeat the following commands, imitating the speakers' intonation and inflection.

Mi dica!	Fammi sapere appena puoi!
Non dimenticare di telefonarmi!	Abbia pazienza!
Finiscilo tutto!	Avanti! Venga!
Smettila!	Prenda pure!
Non toccare!	Non mi dire!

B. Il pappagallo. Esclamazioni.   Listen and repeat the following mini-dialogues that contain exclamations, imitating the speakers' intonation and inflection.

Che bella festa! Ah, eccola, la festeggiata! Buon compleanno, Lucia!
Grazie, Ugo!

Enrico, ti presento Luca. Luca si è laureato il mese scorso.
Congratulazioni!

In bocca al lupo!
Crepi!

Ti saluto, Beppe! Stammi bene!
Ciao, Mirella! Mi raccomando! A risentirci a presto!

Attività per la comprensione

C. **Il futuro politico.**   Quando i candidati politici parlano in pubblico, fanno delle promesse. Scrivere tre promesse tipiche dei candidati. Poi ascoltare il discorso che fa una candidata prima delle elezioni. Indicare con una **X** solo le cose che lei promette di fare.

_____

_____

_____

_____ ridurre le tasse

_____ migliorare le scuole

_____ creare più posti di lavoro per tutti

_____ combattere il problema della droga

_____ provvedere agli anziani e ai bambini con più assistenza sociale

_____ migliorare i mezzi pubblici

_____ aumentare la rappresentanza femminile in Parlamento

D. **Due mondi a confronto.**   Due cugini stanno paragonando la vita degli studenti negli Stati Uniti con quella degli studenti italiani. Gina è americana e Carlo è italiano. Ascoltare la loro conversazione e scrivere **USA** accanto alle affermazioni che riguardano la vita americana e una **I** accanto a quelle che riguardano la vita italiana.

_____ scrivere una tesi

_____ vivere nel campus

_____ dare esami orali

_____ abitare con i genitori

_____ lavorare part-time

_____ frequentare il liceo fino a 19 anni

_____ partecipare ad attività organizzate dall'università

E. **Parla il Presidente.**   Il Presidente del Consiglio sta parlando ai giornalisti ad una conferenza stampa (_press conference_). Lui sta elencando i maggiori problemi che la società italiana deve affrontare. Mettere un numero accanto ai problemi elencati sotto nell'ordine in cui il Presidente li considera.

_____ la crisi di governo

_____ la disoccupazione

_____ l'inquinamento

_____ la droga

_____ l'immigrazione di extracomunitari

_____ il mantenimento dei beni culturali

F. **Cruciverba.** Ascoltare i seguenti indizi (*clues*) e scegliere la risposta giusta dalle parole date. Inserire le parole nel cruciverba.

votare	UE	partito	elezione
governo	potere	verdi	

G. **Intervista col Sindaco.** Prima di ascoltare la seguente intervista con un sindaco di una piccola città italiana, leggere le domande. Prendere appunti mentre ascolti. Poi rispondere alle domande con frasi complete.

1. Secondo il sindaco, qual è il problema più grande nella sua città?

_____

2. Perché è un problema?

_____

3. Quali sono alcuni modi in cui cerca di risolvere questo problema?

_____

_____

4. Qual è la polemica sul restauro di palazzo Martini? Che cosa pensa il sindaco?

_____

_____

5. Quali sono due dei progetti del sindaco?

_____

_____

_____

Video Manual

UNITÀ 1 Visitare (ROMA)

A. **Destinazione: Italia!** Before watching the video, plan an itinerary for a trip around Italy. Look at the map on page 19 of your textbook, and decide which cities or regions you want to visit and in what order. Will you travel by plane or by train (**Viaggi in aereo o in treno**)? While watching the video, list the cities and regions in the itinerary Gabriella proposes, and Piero's revised order.

My itinerary: _____

_____

_____

Gabriella's itinerary: _____

_____

_____

Piero's itinerary: _____

_____

_____

B. **Quanti monumenti!** Before viewing, make a list of Roman monuments and sites that you expect to see in the video. While viewing, add the names of places you see in the video.

_____

_____

_____

C. **Che cos'è successo** (*What happened*)? While viewing the video, choose the correct endings for the following statements.

1. Piero e Gabriella lavorano insieme in...
   a. un museo.   b. una casa editrice.   c. un'agenzia turistica.

2. Vanno a Roma...
   a. in treno.   b. in macchina.   c. in aereo.

3. A Roma Piero...
   a. compra un giornale.   b. legge un giornale.   c. compra una guida turistica.

4. Gabriella compra ... al chiosco.
   a. due aranciate   b. due pizze   c. due bicchieri di acqua minerale

5. Alla fine, Piero e Gabriella...
   a. hanno freddo.   b. visitano il Colosseo.   c. guardano le foto di Roma.

D. Che sete che ho!   After viewing the video, number the following sentences in the correct order and act out the scene with a partner.

a. _____ Buongiorno.

b. _____ Ecco.

c. _____ Due aranciate, per favore.

d. _____ Grazie, buongiorno.

e. _____ Seimila lire, prego.

f. _____ Grazie, arrivederci.

E. La presentazione.   On your first day at a new job, you are introduced to a colleague. After viewing the video, work in groups of three on a dialogue of introduction, using the following expressions:

Ti presento...
Buongiorno!
Molto lieto/a.
Io sono...
Diamoci del tu!
Piacere!

_____

_____

_____

_____

_____

UNITÀ 2 Studiare (BOLOGNA)

A. Before viewing the video, match each item in column A with the place in column B most closely associated with it.

A   B

1. motorino   città
2. matite   trattoria
3. studenti   piazza
4. università   libreria
5. tortellini   facoltà
6. libri   strada
7. chiesa   zaino

B. **A Bologna.** While viewing, answer the following questions about Piero and Gabriella's visit to Bologna.

1. Dove sono?
   a. in un ristorante   b. all'università   c. in ufficio

2. Con chi parlano?
   a. con un professore   b. con Marco   c. con gli studenti

3. Che ore sono?
   a. sono le undici   b. sono le cinque e mezzo c. è mezzogiorno

4. Cosa cerca Gabriella?
   a. una libreria   b. una trattoria   c. una cassetta

5. Cosa cerca Piero?
   a. una guida turistica   b. una torre   c. una trattoria

C. **Chi sono?** While viewing, identify which of the three students in the video clip each of the following statements describes.

Luca   1. _____ è di Pescara

Francesca   2. _____ è bolognese

Angelo   3. _____ studia giurisprudenza

              4. _____ studia scienze politiche

              5. _____ è una studentessa

D. **Come Piero caratterizza Bologna?** View the video again and check each statement that accurately reflects how Piero describes Bologna.

1. _____ c'è una bell'aria intellettuale

2. _____ c'è il mare

3. _____ ci sono portici

4. _____ ci sono molti studenti

5. _____ c'è un vulcano

6. _____ si mangia molto bene: tortellini, prosciutto, parmigiano

E. Una cartolina postale. Piero writes a postcard to a friend after his visit to Bologna. Complete the postcard as you think Piero would. Then write a postcard from Gabriella to a friend describing the same visit to Bologna, mentioning the things that are important to her.

Caro Roberto,

Sono qui a _____—è una bella città! C'è

un'_____ antica con molti studenti. Che bell'aria

_____! L'architettura è bella—ci sono molti

_____. E si mangia anche molto bene—

_____ e _____, e mi

piacciono anche i _____! Ci sono tanti monumenti—

ho visto (*I saw*) _____ e _____.

La mia collega Gabriella è anche _____ ... a volte

(*sometimes*)!

_____,

Piero

_____

_____

_____

_____

_____

_____

_____

_____

_____

_____

UNITÀ 3 Abitare (SICILIA)

A. **Due personaggi, due personalità.** Before viewing the video, look at the following list of adjectives and describe Piero and Gabriella by writing **P** or **G** next to those that describe what you know of each of them so far. After viewing, make any changes you wish and compare your responses with those of a classmate.

_____ amichevole (*friendly*)   _____ responsabile

_____ rilassato/a (*relaxed*)   _____ frivolo/a (*frivolous*)

_____ preoccupato/a (*worried*)   _____ nervoso/a

_____ serio/a

B. **Una telefonata.** You telephone an aunt in a distant city to ask if she is coming to your sister's wedding. Write a dialogue using the following expressions:

Pronto!   Ciao, zia!   Come stai?
Come stanno i cugini?   Che tempo fa?   Non posso venire, mi dispiace!
Quando ci vediamo?   A presto, zia!   Bene, e tu?
Arrivederci!   Bacioni!

_____

_____

_____

_____

C. **Vero o no?** While viewing, mark the following statements true (**vero**) or false (**falso**).

1. _____ Gabriella va in Sicilia a trovare la sua famiglia.

2. _____ Zia Amalia dice "Chi è questo Piero? È il tuo fidanzato?"

3. _____ Gabriella e Piero vanno in Sicilia per andare al mare.

4. _____ Gabriella accetta volentieri da Piero l'offerta di un caffè.

5. _____ Piero studia i libri sulla Sicilia al tavolino di un bar.

D. **Che cos'è successo** (*What happened*)? Piero and Gabriella have been very busy. After watching the video once, number the following sentences in the correct order.

a. _____ Gabriella deve fare la spesa perché alcuni amici vanno a cena da lei.

b. _____ Piero offre un caffè a Gabriella.

c. _____ La zia dice che in Sicilia fa bello.

d. _____ Gabriella dice che non può andare al matrimonio della cugina Giulia.

e. _____ Piero si siede (*sits*) al tavolino di un bar.

f. _____ Gabriella telefona alla zia Amalia in Sicilia.

g. _____ Piero e Gabriella camminano in centro.

h. _____ Piero va a casa di Gabriella perché vuole dei libri sulla Sicilia.

E. **Appunti sulla Sicilia.** Read Gabriella's notes on Sicily and then answer the questions based on your interpretation of her notes.

> Palermo – città principale della regione
> Catania – città seconda in grandezza
> Selinunte – rovine magnifiche
> Taormina – arena, spettacoli, bel mare
> Cefalù – castello normanno
> Agrigento – la Valle dei Templi
> Siracusa – baia, Magna Grecia
> Messina – arriva il traghetto

1. Quale città era (*was*) parte della Magna Grecia?

   _____

2. Dove si fanno spettacoli (*shows*) nell'arena greca?

   _____

3. Quale città è la città principale della regione?

   _____

4. Dov'è un castello normanno?

   _____

5. In quale città troviamo la Valle dei Templi con cinque templi?

   _____

6. Dove ci sono rovine magnifiche?

   _____

UNITÀ 4   Comprare (UMBRIA)

A. **Dove prendiamo... ?**   Abbinare il negozio con l'oggetto che Gabriella e Piero ci acquistano.

1. _____ la farmacia
2. _____ la bancarella di frutta
3. _____ il Bancomat
4. _____ la bancarella dei formaggi

a. i soldi
b. un digestivo
c. il salame
d. il pane
e. le pesche

B. **Che bella frutta!**   Ascoltare bene il dialogo e scrivere i pezzi mancanti.

FRUTTIVENDOLO   Queste pesche sono speciali ... vengono 3.400 (lire) al chilo. Se me ne prende due chili, 6.500 (lire).

GABRIELLA   _____. Me ne dia _____, per favore...

PIERO   Ma Gabriella, che ne facciamo di due chili di pesche? Mangiamo solo frutta oggi? _____!

GABRIELLA   Beh, se hai appetito, possiamo fare _____. Compriamo anche _____ da quell'uomo laggiù (*over there*). Che ne dici?

PIERO   Va bene, prendiamo anche _____ e del salame.

C. **Chi lo fa?**   Dire se è Piero o Gabriella che fa le seguenti azioni, mettendo una **P** o una **G** accanto (*next to*) alla frase.

1. _____ Va in farmacia e compra l'aspirina.
2. _____ Nota che piove.
3. _____ Compra due chili di pesche.
4. _____ Compra troppe cose da mangiare.
5. _____ Compra un digestivo in compresse masticabili.
6. _____ Ha bisogno di un digestivo.
7. _____ Va a ritirare i soldi al Bancomat.

D. Facciamo la spesa! Modellare un dialogo tra due clienti e un venditore in un negozio di alimentari (*grocery store*), usando i seguenti suggerimenti. Guardare l'elenco della spesa per sapere che cosa comprare.

Mi dica!	Vorrei...	Me ne dia (due) chili...
Ne vorrei (tre) etti...	Vengono (seimila) lire al chilo.	Prego!
Grazie, buongiorno!	Le serve altro?	Ho bisogno di...

prodotto	quantità	prezzo in euro
mele	2 chili	2,00/chilo
caffè	quattro etti	15,00/chilo
pane	mezzo chilo	
prosciutto	6 etti	22,00/chilo
pomodori	3 chili	3,25/chilo

_____

_____

_____

_____

_____

UNITÀ 5 Mangiare (LIGURIA)

A. **Quanto sai della Liguria?** Rispondere alle seguenti domande prima di vedere il videoclip.

1. Dov'è la Liguria?

   _____

2. Quali sono alcune città o paesi liguri conosciuti per il turismo?

   _____

3. Com'è il paesaggio (*landscape*) della Liguria?

   _____

4. Quali sono due prodotti tipici della Liguria?

   _____

B. **A tavola!** Cosa c'è sul tavolo dove Piero e Gabriella mangiano? Indicare le cose che sono sul tavolo, mettendo un cerchio (*circle*) intorno all'oggetto.

   l'olio d'oliva   il vino   l'acqua   le tazzine da caffè

   i piatti   il pane   la tovaglia   i bicchieri di plastica

C. **La ricetta segreta di Piero.** Piero sa fare un buon pesto. Durante il videoclip, Piero dice gli ingredienti. Indicare con una **X** quali sono gli ingredienti per fare un buon pesto.

_____ prezzemolo   _____ basilico

_____ aglio   _____ sale

_____ pinoli   _____ noci

_____ burro   _____ peperoncino

_____ olio d'oliva   _____ aceto

_____ mozzarella   _____ parmigiano

D. **Cosa succede?** Rispondere alle seguenti domande.

1. Qual è il segreto di Piero?

   _____

2. Quando Piero dice "Buon appetito, Gabriella!" come risponde lei?

   _____

3. Quando finiscono di mangiare, cosa fanno Piero e Gabriella?

   _____

4. Quale altra città ligure visitano Gabriella e Piero?

   _____

E. **Al ristorante.** Con due compagni, modellate un dialogo tra cameriere e due clienti usando i suggerimenti seguenti.

Buongiorno
Cosa c'è di primo?
Sono davvero un buongustaio!
Mi dica!
Ottimo!
Anche per me.
Vi consiglio...
Sai moltissime cose di cucina!

Rilassarsi (VENEZIA)

A. **Un weekend a Venezia.** Elencare alcune delle cose (palazzi, piazze, monumenti, musei) che puoi vedere a Venezia.

_____

_____

_____

_____

_____

B. **Chi l'ha detto?** Indicare chi ha pronunciato le seguenti frasi, mettendo una **P** per Piero o una **G** per Gabriella.

1. _____ Non mi dire! Non starai mica pensando a me!

2. _____ Lo so, sono un grande Latin lover. Allora, la risposta è sì?

3. _____ Sono senza parole!

4. _____ Che programma romantico!

5. _____ Sono talmente stravolto che non mi muoverò più da questo magnifico posto.

6. _____ Non sei la donna dei miei sogni, ma se non hai nulla in programma puoi fermarti anche tu!

C. **Che cosa succede?** Rispondere alle seguenti domande.

1. Che tempo fa a Venezia?

_____

_____

2. Perché Piero vuole fermarsi al bar?

_____

_____

3. Quando Gabriella dice che devono ancora lavorare tre ore, dice sul serio?

_____

_____

4. Dove discutono i loro programmi per il weekend?

_____

_____

5. Chi inviterà Piero a passare il weekend a Venezia? Perché?

_____

_____

D. **Che cosa succederà?** Previsioni: Piero e Gabriella discutono i loro progetti per il weekend. Cosa succederà? Discutere con un compagno/una compagna.

Piero ha proposto a Gabriella di passare il weekend insieme. Lei accetterà? Dove andrà Gabriella? Dove andrà Piero? Cosa farà? Inventare una conclusione al dialogo del videoclip.

_____

_____

_____

_____

UNITÀ 7   Vestirsi (MILANO)

A. **Milano, capitale della moda!**   Prima di vedere il videoclip, scegliere degli aggettivi che descrivono i seguenti vestiti.

tradizionale	trasgressivo	elegante	classico
coloratissimo	originale	fantasioso	spiritoso
caldo	pratico	morbido	sportivo

1. una maglia di Missoni _____

2. un vestito di Moschino _____

3. una pelliccia (*fur coat*) di Fendi _____

4. un abito da sera di Valentino _____

5. una camicia di Versace _____

6. una maglia di Benetton _____

B. **Quanti stilisti!**   Durante la prima sequenza del video, segnalare di quali stilisti vedete i vestiti.

_____ Moschino   _____ Giorgio Armani

_____ Fendi   _____ Romeo Gigli

_____ Calvin Klein   _____ Valentino

_____ Krizia   _____ Gucci

_____ Ferré

C. **Chi l'ha detto?**   Indicare se le seguenti frasi sono pronunciate da Piero (**P**) o da Gabriella (**G**).

1. _____ Non è affatto il tuo genere.

2. _____ Ho una festa importante questo weekend...

3. _____ Figurati se mi perdo il divertimento! Vengo con te!

4. _____ Tu intanto vai a fare un giro, eh?

5. _____ Come sarebbe ... vuoi entrare?

6. _____ Non ti preoccupare, non mi proverò tutti i vestiti del negozio.

D. **Dove sono Piero e Gabriella?**   Dopo aver visto il videoclip, mettere in ordine da 1 a 5 le scene dove vediamo Piero e Gabriella.

_____ per la strada in Via Montenapoleone

_____ in un negozio di abbigliamento

_____ nella Galleria di Milano

_____ davanti alla vetrina di un negozio elegante

_____ davanti al Duomo, in Piazza Duomo

E. **Me la compro!**   Inventare una conversazione tra commessa e cliente basata su quella del videoclip. Usare alcuni dei seguenti suggerimenti.

Se lo/la/li provi!
È il modello di punta della collezione.
Le sta benissimo! La taglia è perfetta!
Prendo...
C'è in altri colori?
Vorrei...
C'è la mia misura?
Vado a vedere.

_____

_____

_____

_____

_____

_____

UNITÀ 8 Lavorare (TORINO)

A. **Torino monumentale.** Prima di vedere il videoclip, indicare in quale città si possono trovare i seguenti monumenti. Osservare bene il videoclip per trovare quelli che sono a Torino!

1. _____ la galleria Subalpina

2. _____ il Colosseo

3. _____ la Mole Antonelliana

4. _____ la Scala

5. _____ il Po

6. _____ Piazza S. Marco

7. _____ Piazza Carignano

8. _____ le Due Torri

9. _____ Piazza Navona

B. **Il mondo del lavoro.** Prima di vedere il videoclip, indicare in ordine di preferenza gli aspetti della vita lavorativa che sono importanti per te.

_____ avere amici con cui lavorare   _____ non avere orari fissi (*schedules*)

_____ lavorare in un bell'ufficio   _____ guadagnare bene

_____ essere creativi   _____ lavorare senza stress

_____ essere competitivi   _____ viaggiare

C. **Da Pepino.** Mentre vedete la prima sequenza del videoclip, segnalare le cose che sentite con una **S** e le cose che vedete con una **V**.

_____ un telefonino che squilla   _____ operai della Fiat

_____ il giornale   _____ qualcuno che ordina un cappuccino

_____ le tazze del caffè   _____ la macchina del caffè

_____ gente che parla   _____ una radio con musica

_____ un'ambulanza   _____ giovani manager

D. **Milano o Torino?** Mentre vedete il videoclip, indicare se le seguenti frasi sono dette di Milano (**M**) o di Torino (**T**).

1. _____ Piero: E tutto costa di più!

2. _____ Gabriella: È così vivace e piena di novità!

3. _____ Piero: Credo che sia più vivibile!

4. _____ Gabriella: Non ne posso più di... !

5. _____ Piero: E si dice che si lavori meno... !

E. Comprensione. Dopo aver visto il videoclip, scegliere la risposta giusta alle seguenti domande.

1. Cosa bevono Piero e Gabriella?
   a. una cocacola   b. un cappuccino

2. Dove sono Piero e Gabriella?
   a. in un bar   b. in ufficio

3. Che tempo fa?
   a. fa bel tempo   b. piove

4. In quale città sono?
   a. sono a Torino   b. sono a Milano

5. Quando escono dal bar, incontrano un amico...
   a. di Piero   b. di Gabriella

6. Dove fanno un giro?
   a. in campagna   b. in centro

F. Vita da manager! Per primo indicare chi ha detto la battuta (*line*), Piero (**P**) o Gabriella (**G**), e poi discutere il valore indicato. Quali valori della vita lavorativa sono importanti per te?

1. _____ Penso che tu sia un vero amico...   avere amici con cui lavorare

2. _____ Per me è importante non avere orari fissi.   non avere orari fissi

3. _____ È possibile che siano tutti così noiosi, tutti   non essere tutti uguali
   così uguali, banali...

4. _____ Hai scelto questa carriera per poter viaggiare!   viaggiare

5. _____ Non è detto che lui sia felice...   essere felici

6. _____ Pensa! Scriveva poesie!   essere creativi

_____

_____

_____

_____

_____

_____

_____

_____

UNITÀ 9 Viaggiare (SARDEGNA)

A. All'aeroporto. Prima di vedere il videoclip, mettere in ordine le cose che bisogna fare per viaggiare.

a. _____ aspettare nella sala d'attesa   e. _____ fare il check-in

b. _____ imbarcarsi   f. _____ andare all'accettazione

c. _____ scegliere il posto finestrino o corridoio   g. _____ prenotare il volo

d. _____ fare il controllo del bagaglio   h. _____ comprare il biglietto

B. Che cosa ha detto? Ascoltare bene il dialogo e scegliere la risposta che completa la frase. Poi indicare chi ha pronunciato la battuta (**P** = Piero, **G** = Gabriella, **I** = impiegato) e metterle in ordine.

1. _____ Avete
   a. la prenotazione?   b. l'accettazione?

2. _____ Due biglietti per
   a. Sassari.   b. Cagliari.

3. _____ Posso pagare con
   a. contanti?   b. Bancomat?

4. _____ Sì, sul volo delle
   a. sedici.   b. quindici.

C. Chi lo dice? Mentre guardate il videoclip, dire se le seguenti battute sono pronunciate da Piero (**P**), da Gabriella (**G**) o dall'impiegato (**I**). Poi mettere nell'ordine giusto da formare la conversazione.

a. _____ Va be', prendo io il posto finestrino.   _____

b. _____ Avete bagaglio?   _____

c. _____ No, solo bagaglio a mano.   _____

d. _____ Sarà un vero piacere!   _____

D. Quanti desideri! Nel videoclip, Piero e Gabriella esprimono tanti desideri. Completare le frasi in maniera corretta, collegando un elemento da ciascuna colonna.

1. _____ Se avessi saputo   a. tu parlassi un po' di meno, e lavorassi un po' di più.

2. _____ Non mi sembra che   b. me ne comprerei una uguale.

3. _____ Vorrei che   c. avrei fatto le vacanze in Sardegna l'anno scorso.

4. _____ Se avessi soldi   d. tu oggi abbia lavorato tanto.

E. **Appunti sulla Sardegna.** Dopo aver visto il videoclip, guardare gli appunti che Gabriella ha preso sull'isola di Sardegna e rispondere alle seguenti domande.

Cagliari : la capitale,
la città più grande

Costa Smeralda: spiagge incantevoli,
posto turistico,
alberghi di lusso

Sassari : seconda città dell'isola,
zona medioevale,
festival folcloristico

Caratteristiche : origini spagnole,
panorami spettacolari,
nuraghi

Prodotti tipici : formaggio pecorino,
pizzo

1. Per fare una vacanza in un bell'albergo di lusso, dove vai?
   _____
   _____

2. Come si chiamano le due città più grandi dell'isola?
   _____
   _____

3. Per andare ad un festival tipico dell'isola, dove vai?
   _____
   _____

4. Cosa porti a casa dalla Sardegna come souvenir?
   _____
   _____

5. Quali sono le origini dell'isola?
   _____
   _____

6. Come caratterizzi il paesaggio sardo?
   _____
   _____

UNITÀ 10 Uscire (NAPOLI)

A. Cosa fai di bello stasera? Prima di vedere il videoclip, abbinare il divertimento della colonna a sinistra con il luogo dove lo puoi vedere/fare.

1. _____ un'opera lirica di Verdi
2. _____ un film di Nanni Moretti
3. _____ una partita di calcio
4. _____ ballare tutta la notte
5. _____ un concerto di musica leggera

a. al cinema
b. in discoteca
c. in piazza
d. allo stadio
e. al teatro San Carlo

B. Comprensione. Mentre vedete il videoclip, scegliere la risposta giusta a ciascuna domanda.

1. Cosa sta leggendo Gabriella?
   a. un giornale
   b. il programma dell'opera lirica

2. Chi programma la serata?
   a. Piero
   b. Gabriella

3. Dove vanno quella sera?
   a. ad un concerto di musica folcloristica
   b. all'opera lirica

4. Come si chiama il teatro a Napoli?
   a. La Scala
   b. San Carlo

5. Cosa mangiano dopo lo spettacolo?
   a. la pizza
   b. gli spaghetti

6. Quale opera lirica vedono?
   a. l'*Aida*
   b. il *Rigoletto*

C. Sarà vero? Vedere il videoclip una seconda volta e dire se le seguenti frasi sono vere (**V**) o false (**F**); correggere quelle false.

1. _____ Piero vuole portare Gabriella a vedere un concerto di Pino Daniele.
2. _____ Gabriella pensa che a Piero piaccia solo la discoteca o la musica leggera.
3. _____ Piero non sa che cosa sia il Teatro San Carlo.
4. _____ Gabriella pensa che l'opera lirica sia solo melodramma con grasse cantanti.
5. _____ Piero ha prenotato due biglietti per uno spettacolo.
6. _____ Piero pensa che al Teatro San Carlo diano *Indiana Jones*.

D. Perché l'ha detto?   Dopo aver visto il videoclip, spiegare in una frase completa perché Piero e Gabriella hanno detto le seguenti battute.

1. Gabriella: Mi hai di nuovo preso in giro!

_____

_____

2. Piero: Beh, ho qualche compact disc a casa ... e non solo di Pino Daniele.

_____

_____

3. Gabriella: Scusami, ti ho trattato come un ignorante.

_____

_____

4. Piero: Mi offrirai una pizza dopo il teatro.

_____

_____

E. Che bella serata!   Immaginate di essere Piero e Gabriella che escono per andare a Teatro San Carlo per l'opera lirica e poi in una pizzeria dopo lo spettacolo. Creare un dialogo. È contenta Gabriella, o c'è qualcosa che non va? E Piero? È contento della cena offerta da Gabriella? Si sono divertiti? È piaciuto lo spettacolo?

_____

_____

_____

_____

_____

_____

UNITÀ 11 Leggere (FIRENZE)

A. Firenze, culla del Rinascimento. Prima di vedere il videoclip, abbinare l'opera della colonna a destra all'artista che la fece della colonna a sinistra.

1. _____ Michelangelo
2. _____ Dante Alighieri
3. _____ Brunelleschi
4. _____ Boccaccio
5. _____ Giotto
6. _____ Petrarca
7. _____ Machiavelli

a. le *Rime sparse*
b. il Duomo
c. *Il Principe*
d. il Davide
e. la *Divina Commedia*
f. il *Decameron*
g. il Campanile

B. All'edicola. Mentre vedete il videoclip, indicare quali riviste e giornali Piero compra.

_____ *La Nazione*   _____ *La Gazzetta dello Sport*   _____ *Il Vernacoliere*

_____ *La Stampa*   _____ *Autosprint*   _____ *Gente*

_____ *Quattroruote*   _____ *Panorama*   _____ *Amica*

_____ *Tempo*

C. In giro per Firenze. Mentre vedete il videoclip, mettere nell'ordine giusto dove sono Piero e Gabriella durante la gita a Firenze.

a. _____ al bar le Giubbe Rosse

b. _____ in piazza

c. _____ alla casa di Dante

d. _____ all'edicola

e. _____ in strada

D. Chi lo dice? Mentre vedete il videoclip, dire se le seguenti battute sono pronunciate da Piero (**P**), Gabriella (**G**) o l'amico Francesco (**F**). Poi metterle nell'ordine giusto da formare la conversazione.

1. _____ Davvero? Grazie, sei molto gentile.   _____

2. _____ Che peccato. Se torni a Firenze, chiamami.   _____

3. _____ È l'ultima volta che ti presento un mio amico.   _____

4. _____ Che bello ieri sera! Hanno recitato proprio bene!   _____

5. _____ Leggerò qualche verso anche io. Ci verrete?   _____

6. _____ No, purtroppo. Partiamo domani.   _____

E. **Firenze letteraria.** Dopo aver visto il videoclip, indicare a chi si riferiscono le seguenti frasi, a Piero o a Gabriella, mettendo una **P** o una **G** accanto alla frase.

1. _____ Gli/Le piaceva studiare la letteratura italiana.

2. _____ Non ricorda chi scrisse "Chiare, fresche e dolci acque..."

3. _____ Ha molti amici poeti.

4. _____ Parla della poesia italiana e delle tre corone.

5. _____ Gli/Le piace moltissimo Firenze.

6. _____ Si arrabbia al caffè le Giubbe Rosse.

F. **La lettura di poesia.** Fare una lettura di poesia. Poi due o tre amici la discutono dopo la presentazione. La recensione è positiva? Modellare una conversazione su quella del videoclip.

_____

_____

_____

_____

_____

_____

UNITÀ 12 Sognare

A. I Top Ten.   Prima di vedere il videoclip, scrivere un elenco delle cinque scene che ti sono piaciute di più. In quale episodio erano? Qual era la città? Perché ti sono piaciute queste scene?

_____

_____

_____

_____

_____

B. Cosa vogliono?   Mentre vedete il videoclip, indicare che cosa vogliono le seguenti persone, abbinando il nome al desiderio espresso.

1. Marco   _____ a. Non vuole lavorare da solo.

2. Piero   _____ b. Vuole collaborare al nuovo progetto.

3. Gabriella   _____ c. Vuole vedere Piero nel suo ufficio.

C. Perché lo dice?   Dopo aver visto il videoclip, scrivere una frase per indicare perché i personaggi dicono le seguenti battute.

MARCO   Piero, senti, prima di andare via puoi passare dal mio ufficio?

_____

PIERO   Per il momento acqua in bocca!

_____

GABRIELLA   Allora, Piero, io me ne vado!

_____

PIERO   C'è una sola persona al mondo più in gamba di me per fare questo lavoro.

_____

GABRIELLA   Tua madre, immagino.

_____

D. Come andrà a finire? Inventare una breve conclusione alla storia di Piero e Gabriella. Lavoreranno insieme sulla nuova guida? Faranno un altro viaggio? Saranno amici?

_____

_____

_____

_____

_____

_____

_____

_____